Görg

Nilgans und Heiliger Geist

Manfred Görg

Nilgans und Heiliger Geist

Bilder der Schöpfung in Israel und Ägypten

Patmos Verlag Düsseldorf

Die Deutsche Bibliothek – CIP-Einheitsaufnahme

Görg, Manfred: Nilgans und Heiliger Geist :
Bilder der Schöpfung in Israel und Ägypten / Manfred Görg. –
Düsseldorf : Patmos-Verl., 1997
ISBN 3-491-77023-8

Umschlaggestaltung: Volker Butenschön, Lüneburg
Typoskript: Martin Günther, Paderborn
Druck und Bindung: Wiener Verlag, Himberg
ISBN 3-491-77023-8

Inhalt

Vorwort 9
Einleitung: Geist: Widersacher des Lebens? 11

I. Teil: Annäherungen 15

1. Liturgie im Gefängnis 16
Veni Sancte Spiritus — Atem der Schöpfung — Kreatur — Licht — Vater der Armen — Geber der Gaben — Herzenslicht — Der Unbegreifliche — Der „Heile" und „Heilende" — Leidenschaft — Sensibilität — Aus der Tiefe

2. Kathedra und Pneuma 28
Pneuma hagion — Trinität und Heilsgeschichte — Heil und Natur — Heilige und Sünder

3. Paulus und Johannes 34
Geist von unten — Wind, Beistand, Wahrheit

II. Teil: Bilder vom Schöpfergeist 39

1. Das erste Bibel-Bild vom „Geist" 40
1.1 . . . und die ›Ruach‹ Gottes flatterte über den Wassern . 40
1.2 Im Anfang, als Gott erschuf 42
Gott „erschafft" — Gott „spricht" und „scheidet" — Isolation von V. 2?
1.3 Zweimal: Tag und Nacht 46
1.4 Die getrennten Wasser 48
1.5 Vorwelt — Lebensraum — Lebenszeit 49
1.6 Tohuwabohu 50

1.7 Das „schwarze Loch“ 53
1.8 ... flatterte über den Wassern 54
1.9 Was heißt Ruach? 56
1.10 *Der* oder *die?* 57
1.11 Ruach — ein Fremdwort in der Bibel? 58
1.12 Ruach Elohim 59

2. Kosmogonische Bilder in Ägypten 61
2.1 Die vier Urgötterpaare des Chaos 61
„Transformationen“ — Ur-Götter — Urzeit und Nachtzeit — Kosmogonie hier und dort — Urhügel und Ptah — Re am Mittag
2.2 Eine exemplarische Illustration 67
Blick in die Unterwelt — Urflut — Barke als Arche — Käfer und Sonnenlauf — Der Zyklus — Und der „Geist“?

3. Bilder von Amun 74
3.1 Amun — Ptah — Re 74
3.2 Der Name 76
3.3 Ein „anderer“ Sonnenweg 78
3.4 Trinitarische Konstellation 80
3.5 Trinitätstheologie im Nachklang 85
3.6 Die „Herkunft“ Amuns 87
3.7 Zeugung durch den Geistgott 87
3.8 Tiere als Attribute 90
3.9 Der Widder 91
3.10 Die Nilgans 97
3.11 „Geist“ und „Bild“ Gottes: „Tutanchamun“ 104
3.12 Der Eine, der sich zu Millionen machte 108

III. Teil: Bilder vom Lebensgeist 111

1. Geist und menschliches Leben 112
1.1 Geistträger 112
1.2 „Retter“ und „Richter“ 113
1.3 Geist und Krieg 114
1.4 Ekstatiker 117

1.5 Ein Geistträger in Kanaan 119
1.6 Geist und Wort? 121
1.7 Geistträger Ezechiel 124
1.8 Der Geist der Toten 125
1.9 Schöpfung und Neuschöpfung 129

2. Geist in Gemeinschaft 132
2.1 Geistträger und Gemeinschaft 132
2.2 Erneuerung der Gemeinde 133
2.3 Geistträger als Hoffnungsträger 134
2.4 Geist-Gesellschaft und Zukunft 140
2.5 Der Tag JHWHs 141
2.6 Geist und Kirche 144

3. Geist in Religion und Glaube 146
3.1 Amun — der gnädige Retter 146
3.2 Eine „weibliche“ Wirklichkeit 149
3.3 Das Urei 151
3.4 Die „Vermännlichung“ Gottes 154
3.5 Chokma und Sophia 155
3.6 Gnostische Vorstellungen 157
3.7 Rückkehr zum Credo: „. . . und vom Sohne“? 160
3.8 Jesus und das Pneuma 162
3.9 Atme in mir! 164

Text- und Bildnachweis 167

Literaturhinweise 168

Vorwort

Die christliche Lehre vom „Geist Gottes“ ist dem allgemeinen Bewußtseinsstand zufolge so ziemlich das letzte, was den nach Sinnorientierung seines Lebens suchenden Menschen unserer Tage motivieren und ermuntern könnte. Allzu lebensfern und abstrakt, unverständlich und mysteriös erscheint das Bekenntnis, ja sogar unheimlich und erschreckend. Für nicht wenige ist der „Geist Gottes“ ein geradezu gespenstisches Phänomen, das noch fremder und merkwürdiger ist als die Wirklichkeit Gottes überhaupt.

Dennoch hält der Drang nach einer neuen „Spiritualität“ an, freilich auch die Flucht zu den diversen „Geistern“ und „Un-Geistern“ in der gegenwärtigen Erfahrungswelt. Neben dem wachsenden Interesse an einer „geistigen“ Sinngebung ist es auch das Esoterische und „Außerirdische“ bis hin zur Perversion des Satanismus, von dem sich nicht zuletzt junge Leute anstecken lassen. Hat das Reden vom „Geist Gottes“ noch eine Chance, den „Un-Geist“ zu überwinden?

Renovabis faciem terrae – Du wirst das Angesicht der Erde erneuern! Dieser grandiose Anspruch gilt einer Instanz, die jeder ungeistigen und ungeistlichen Deformation radikal gegenübersteht. Der „Geist Gottes“ will seinen elementaren Zeugnissen zufolge die Erde, die Schöpfung, das Leben überhaupt umkrempeln, das Unterste zuoberst kehren. Der „Geist Gottes“ ist nichts anderes als ein Glaubensbild für permanente Vitalität und Bewegung, die im Schöpfergott ihren Ursprung hat, Inbegriff überbordender Lebenskraft und unerschöpflicher Phantasie.

Von einem solchen Urprinzip all dessen, was mit Leben im umfassenden Sinn zu tun hat, sprechen nicht erst die Christen, sondern bereits die Juden mit ihrer Bibel, die der „Leitfaden“ der christlichen Bibel ist. Über die jüdisch-christliche Tradition hinaus sind es aber besonders Vorstellungen aus dem alten Ägypten, die für das Morgenland und das Abendland, für Orient und Okzident, bleibende „Geist-Bilder“ geschaffen haben. Dafür soll hier der Blick geöffnet werden.

Auch dieses Buch entstammt der freien Rede bei Vorlesungen und Vorträgen. Der spontane Charakter des gesprochenen Wortes ist bewußt beibehalten worden. Niederschrift und Redaktion verdanken sich hilfreichen „Geistern“, die sich den Sinn für kritisches Nachspüren und Einfühlen bewahrt haben. Dafür bin ich von Herzen dankbar.

München, im September 1997 *Manfred Görg*

Einleitung
Geist: Widersacher des Lebens?

Diese Anfrage mag manchen etwas provokativ erscheinen. Denn man möchte ja in der abendländischen Tradition immerzu den Geist vom spürbar lebendigen Körper lösen. Bis in unsere Tage, bis in unser gegenwärtiges Bewußtsein hinein vollziehen wir immer noch irgendwie diese Trennung, und sie wird ja auch hie und da — noch! — spürbar in offiziellen Dokumenten: der Geist oder die Seele hier, der Körper oder der Leib dort. Natürlich wollen wir in unserem praktischen und alltäglichen Kontakt zum Leben längst über diese Scheidung hinaussein, und wir meinen, wohl zu wissen, wie vielschichtig der Mensch ist, daß das Leibliche das Geistige und das Geistige das Leibliche durchdringt und durchdringen muß.

Hier könnte man nun natürlich einwenden: Davon soll ja gar nicht die Rede sein, sondern wir reden vom Geist *Gottes*. Hat der „Geist Gottes" etwa irgend etwas mit dem Leiblichen zu tun? Ist da nicht ein zwingender Unterschied? Menschlicher Geist, dem Körperlichen verhaftet, kann doch keine Analogie zum autonomen, wie es scheint, ganz unkörperlichen Gottesgeist zulassen. Und doch kommen wir angesichts der Bindung des menschlichen Geistes nicht ohne einschlägige Anfragen an den alles tragenden Geist aus. Wenn ich hinwieder vom „Geist Gottes" spreche, so muß ich auch vom Geist des Menschen sprechen, und ich kann gar nicht anders, als diesen Geist Gottes auch im Zusammenhang mit dem zu behandeln, was wir unter Menschwerdung und Inkarnation verstehen. Der Geist — auch der Geist Gottes — hat mit Leiblichkeit zu tun, wie auch immer. Als schöpferische Urkraft bewegt und inspiriert der Geist Gottes alles, was an Leben existiert, also selbstverständlich gerade auch das menschliche Leben.

Ich möchte gerne versuchen, über das theologische Wissen hinauszukommen und die Augen für eine Wirklichkeit zu öffnen, die den Theologen längst nicht so erschlossen worden ist, wie es sich eigentlich gehört, und die nicht nur Theologen erschlossen werden sollte, sondern allen, die am Glauben und an der Erfahrung dieser Welt, an einem Bezug zum Leben interessiert sind.

Ich erinnere mich an meine Studienzeit. Da war es üblich, eine Dogmatikvorlesung mit einem Gebet einzuleiten und auch auszuleiten — jede Stunde. Und es war damals so, daß der Professor für Dogmatik häufig das *Veni sancte spiritus* gesprochen hat: *Komm, Heiliger Geist*. Wir haben uns damals ein wenig amüsiert über den alten Herrn Professor, der das für nötig hielt, und haben uns gedacht: Ja, das ist der einzige, der das tut, schließlich sind wir ja an einer Hochschule, an einer Universität, da muß man ja nicht unbedingt die persönliche Frömmigkeit nach außen hin demonstrieren. Wir waren also etwas geteilter Meinung darüber, vor allem weil der Dogmatikprofessor der vorkonziliaren Linie mit der äußersten Konsequenz folgte. Wir hatten großen Respekt vor seinem Wissen, zweifellos, aber wir konnten uns nicht ganz mit seiner wenig reformerischen Haltung identifizieren. So ist auch die Dogmatik, die damals gelehrt worden ist, im Grunde ein Kompendium scholastischen und neuscholastischen Wissens gewesen, das uns ganz gewiß nicht in die Räume hineingehen ließ, in die uns die konziliare und natürlich auch die nachkonziliare Glaubenskunde hineingeführt hat. Und ich plädiere doch dafür, daß wir uns den Geist des Konzils zu eigen machen und neue Wege miteinander gehen.

Ich erinnere an dieses Gebet *Komm, Heiliger Geist* noch aus einem anderen Grund, und zwar, weil mir deutlich geworden ist, daß man als Theologe nicht einfach nur *über* die Dinge sprechen kann, schon gar nicht einfach *über* Gott. Ein Reden über Gott ist immer „akademisch", es hat nicht viel gemeinsam mit dem Reden *mit* Gott, so will es scheinen. Und auch da gibt es Spannungen und Kontroversen. Ich würde dafür plädieren, daß man das Reden mit Gott einbaut in das Reden über Gott und das Reden über Gott nie ohne das Reden mit Gott betreibt. Da mag man sagen: Ja, was hat das mit universitärer Theologie zu tun? Da könnte man vielleicht meinen, es sei sinnvoller, sich jeder allzu großen „Einbringung" des eigenen Selbst zu enthalten und über die „Sache" zu sprechen, ein „Traktat" also über „Gottes Geist". Ich halte das für eine außerordentliche Verkürzung und

Engführung, denn, wie gesagt, unter Reden über Gott verstehe ich auch, notwendigerweise, ein Reden mit Gott. Ein bloßes Traktieren über den „Geist Gottes" ist geradezu eine Sünde gegen den Geist.

Die universitäre Theologie ist jetzt ein wenig in Verruf gekommen, weil sie nicht immer in einer Linie mit den offiziellen Lehräußerungen läuft. Aber man sollte bedenken, daß die universitäre Theologie eine Funktion ausfüllt, die in der Kirche unerläßlich ist. Das ist eben das offene Wort, auch das prophetische Wort, das sich gegenüber dem amtlichen Wort immer wieder „zu Wort melden" muß, als eine zwingende Ergänzung geradezu. Die Universitätstheologen können und müssen sich nach vorne wagen, und zwar auch über das hinaus, was Papst und Bischöfe sagen, weil nur so die Forschung vorangetrieben werden kann. Es kann nicht nur darum gehen, lediglich Lehrdokumente von welcher Autorität auch immer zu interpretieren oder festgeschriebene Sätze zu erläutern. Das ist alles wichtig, und es ist sicher eine Aufgabe der universitären Theologie, aber es geht eben auch darum, Lücken zu entdecken, die noch nötigen Räume theologischen Denkens zu erfassen, ungeklärten Fragen nachzugehen und nachzuhängen. Dieser prophetische Eifer, denke ich, muß in der universitären Theologie zum Tragen kommen. Diese unvergleichliche Chance muß erhalten bleiben, zum Nutzen von Kirche und Gesellschaft.

Da sind wir eigentlich schon mitten darin in dem, was *Geist Gottes* für das Leben der Kirche und das Leben der Menschen bedeutet: das Risiko einzugehen, ein offenes Wort zu sagen im Blick auf Veränderungen in der Gesellschaft, auf Veränderungen in der Kirche. Der Antrieb zu einer permanenten Reform ist die Sache, um die es hier geht. In welcher Weise also steht *Geist Gottes* für lebenschaffende und lebenbewahrende Kreativität?

I. Teil

Annäherungen

1. Liturgie im Gefängnis

Veni Sancte Spiritus

Zur ersten Annäherung an die Wirklichkeit, die als „Geist Gottes“ umschrieben wird, soll uns die Pfingstsequenz *Veni Sancte Spiritus* verhelfen. Denn die Liturgie ist ja eine Demonstration des Selbstverständnisses der Kirche, ja sogar *die* Ausdrucksform. Natürlich könnten wir uns hier zunächst an das Credo halten, aber das Credo wird uns keinen unmittelbaren Einstieg in eine Antwort gewähren. *Empfangen durch den Heiligen Geist* und *Ich glaube an den Heiligen Geist:* Diese beiden Bekenntnisteile werden den meisten Gläubigen zwar akustisch vertraut vorkommen, inhaltlich aber rein gar nichts sagen. Man hält sich eher an andere Inhalte, die vordringlicher scheinen und mit Festen in Verbindung stehen, die sich größerer Bekanntheit erfreuen. Das Pfingstfest, kirchlicherseits als das Fest des Gottesgeistes ausgewiesen, kommt ja so im gläubigen Bewußtsein der meisten Leute nicht vor, so daß der Antrag auf Streichung des zweiten Feiertages kaum auf einen religiösen Protest von unten stoßen wird. Das bloße Glaubensbekenntnis wird uns jedenfalls, so wie es im Gottesdienst zitiert wird, nicht unmittelbar in die Tiefen der Begegnung mit dem Geist Gottes hineinführen. Das bloße Deklamieren allein reicht ohnehin nicht aus. Es darf uns aber anregen, daß die Liturgie andere Texte bereithält, die gerade im Zusammenhang mit Pfingsten eine Rolle spielen, etwa den Hymnus *Veni Creator Spiritus* oder eben auch die Sequenz *Veni Sancte Spiritus,* deren lateinische Fassung mit ihrer dichten und bilderreichen Sprache an den Anfang gestellt sei:

Veni Sancte Spiritus
Et emitte caelitus
Lucis tuae radium.

Veni pater pauperum,
Veni dator munerum,
Veni lumen cordium.

Consolator optime,
Dulcis hospes animae,
Dulce refrigerium.

In labore requies,
In aestu temperies,
In fletu solatium.

O lux beatissima,
Reple cordis intima
Tuorum fidelium.

Sine tuo numine,
Nihil est in homine,
Nihil est innoxium.

Lava quod est sordidum,
Riga quod est aridum,
Sana quod est saucium.

Flecte quod est rigidum,
Fove quod est frigidum,
Rege quod est devium.

Da tuis fidelibus,
In te confidentibus
Sacrum septenarium.

Da virtutis meritum,
Da salutis exitum,
Da perenne gaudium.

Die im Kirchengesangbuch gegebene deutsche Fassung kann den lateinischen Text nur sehr begrenzt einholen:

Komm herab, o Heil'ger Geist,
Der die finstre Nacht zerreißt,
Strahle Licht in diese Welt.

Komm, der alle Armen liebt,
Komm, der gute Gaben gibt,
Komm, der jedes Herz erhellt.

Höchster Tröster in der Zeit,
Gast, der Herz und Sinn erfreut,
Köstlich Labsal in der Not.

In der Unrast schenkst du Ruh',
Hauchst in Hitze Kühlung zu,
Spendest Trost in Leid und Tod.

Komm, o du glückselig Licht,
Fülle Herz und Angesicht,
Dring bis auf der Seele Grund.

Ohne dein lebendig Wehn
Kann im Menschen nichts bestehn,
Kann nichts heil sein noch gesund.

Was befleckt ist, wasche rein,
Dürrem gieße Leben ein,
Heile du, wo Krankheit quält.

Wärme du, was kalt und hart,
Löse, was in sich erstarrt,
Lenke, was den Weg verfehlt.

Gib dem Volk, das dir vertraut,
Das auf deine Hilfe baut,
Deine Gaben zum Geleit.

Laß es in der Zeit bestehn,
Deines Heils Vollendung sehn
Und der Freuden Ewigkeit.

Die zehn Strophen der sogenannten Pfingstsequenz können nach dem Stand der Forschung auf den bedeutenden mittelalterlichen Theologen Stephen Langton, der um 1200 lebte, zurückgeführt werden. Um den Text unserem Verständnis zu öffnen, sei hier nicht ein Zugang über einen wissenschaftlichen oder auch kontemplativen Kommentar gewählt. Statt dessen soll eine Stimme zu Gehör kommen, die die Sequenz in einen völlig disparaten und scheinbar inadäquaten Raum hineinstellt, einen Raum, der von der Kirche denkbar weit entfernt ist, den der radikalen Bedrohung für Leib und Leben.

Mein Textzeuge ist der Blutzeuge Alfred Delp, der vom Volksgerichtshof zum Tode verurteilt und am 2. Februar 1945 hingerichtet wurde. Die Betrachtungen Alfred Delps zur Sequenz sind 1947 in den *Stimmen der Zeit* erschienen, entstanden sind sie aber in der Zeit seines Gefängnisaufenthalts. Es ist mir sehr wichtig, daß wir das im Auge behalten: daß hier jemand aus der Situation der Gefangenschaft über die Pfingstsequenz schreibt, so daß dies eben keine „Schreibtischtheologie" ist und auch keine „Kathedertheologie", also keine gelehrte Interpretation, die in der Abgeschiedenheit und Ruhe des frei Schreibens oder auch frei Redens entstanden wäre und sich vielleicht allerlei Spekulationen erlauben könnte, sondern eine Theologie, die in der Nacht der Gefängnisse gewachsen ist. Es scheint mir, daß diese Art Theologie Anspruch hat, viel deutlicher auch in religiöses Bewußtsein eingeführt zu werden. Ich halte Delps Betrachtungen für den besten „Kommentar" zu dieser Sequenz, und nicht nur dafür, sondern für das Kompendium einer existentiellen Pneumatologie – schon der Ausdruck ist schrecklich, weil hier wieder *über* den Geist gesprochen wird –, nein, also „Pneumatologie" will ich nicht sagen, sondern es ist ein lebhaftes und leibhaftes Reden *mit* dem Geist Gottes, das selbstverständlich auch ein Reden *über* den Geist Gottes ist.

Ich greife aus Delps Betrachtungen im Gefängnis einige Gedanken heraus, die mir als besonders wesentlich erscheinen. Eine Wanderung mit einigen Stationen muß genügen.

Atem der Schöpfung

„Der Heilige Geist ist der Atem der Schöpfung", so beginnt Delp seine Ausführungen. *„Wie der Geist Gottes am Anfang über den Wassern schwebte, so und noch viel intensiver und dichter und näher rührt der Geist Gottes den Menschen an und bringt ihn zu sich selbst und über sich selbst hinaus."* (263)

Gleich mit den ersten Worten wird ein Bezug zu dem Geist Gottes in Gen 1,2 hergestellt, wie dies in der dogmatischen Theologie erstaunlicherweise keineswegs üblich ist. Die Sequenz ist eben kein Traktatversuch, der ein dogmatisches Thema „bearbeitet“, sondern ein Sprechen mit dem Heiligen. Ohne hochfahrende Spekulation tritt das Bekenntnis vor, daß der Schöpfergeist mit dem Menschen etwas zu tun hat und nicht nur in einer imaginären Sphäre behandelt werden kann, auf einer überirdischen Ebene geradezu. Das lehrt ja schon Gen 1,2, daß der „Geist Gottes“ im Zusammenhang mit der Schöpfung gesehen und angesprochen wird und daß es zunächst gar nicht darum geht, seine Position innerhalb der göttlichen Personen oder der Trinität zu beschreiben, sondern daß er zuerst Lebensprinzip ist, daß er die Schöpfung am Existieren hält und zur Existenz auf Dauer führt. Und wenn die Schöpfung angesprochen ist, ist auch der Mensch angesprochen. Das ist für die Theologen keineswegs immer so selbstverständlich gewesen. Die Rede von der Schöpfung hat man häufig sorgfältig getrennt oder zu trennen versucht von der Rede über den Menschen, Natur und Mensch auseinanderdividiert mit fatalen Folgen für unsere Zeit, obwohl der Mensch Teil der Natur ist, Teil der Schöpfung ist, was wir immer dichter und tiefer erkennen. Delp hat das schon ganz klar formuliert, daß der Geist Gottes des Anfangs auch das Lebensprinzip des Menschlichen ist.

Kreatur

Delp führt zugleich etwas aus, was natürlich auch auf seine besondere Situation in der Gefangenschaft hinweist: *„Es ist der Wille, aus dem Kerker, aus der Enge, der Gebundenheit herauszukommen, der dieses Veni immer wieder anstimmen heißt. Nur wer die unendliche Sehnsucht der Kreatur zugleich mit ihrer endlichen Kümmerlichkeit erfahren hat, wird diesen Flehruf echt anstimmen.“* (263) Hier formuliert kein Schreibtischtheologe! Zum Geist Gottes kann man offenbar am intensivsten aus der Situation des Ungeistes heraus beten, dieser absoluten Konfrontation, wo man den Eindruck hat, daß der Geist Gottes verlorengegangen ist. Man muß seine Abwesenheit körperlich spüren, um seine Gegenwart wirklich erbitten, erflehen zu können. Bezeichnenderweise ist es Alfred Delp sehr wichtig, die Existenz des Menschen als eine kreatürliche auszuweisen. Er gebraucht das Wort Kreatur, und ganz sicher tut er das auch im Blick auf Vorstellungen, die in falscher Übernahme von Nietzsches Übermenschen in die Nazidiktatur und -ideologie eingegangen sind. Delp macht deutlich, daß der Mensch eben nicht dazu da ist, seine eigene Person oder seine Wirklichkeit so zum Maß aller Dinge zu erheben, daß er über Leben und Tod befinden kann — er ist vielmehr Geschöpf. Aber das ist nicht in negativem Sinne gemeint, sondern der Mensch ist eben in diese Schöpfung hineingenommen, er ist Gegenstand, ja lebendige Gestaltwerdung der creatio: „Kreatur". Dieses Wissen um das von Haus aus Angewiesensein des Menschen ist der Ausgangspunkt, um glaubwürdig um den Geist Gottes bitten zu dürfen.

Licht

So kann Delp im Kommentar zu *Emitte caelitus — vom Himmel her sende aus den Strahl deines Lichtes* — sagen: *„Die Kreatur muß über sich selbst hinaus rufen, um der wirklichen Kraft teilhaft zu werden. Es ist der erste Schritt zu Rettung und Heil, wenn der Mensch erkennt und anerkennt, daß er selbst nicht genügt."* (263f.) Hier haben wir wiederum den unmittelbaren Konnex zu seiner Erfahrungswirklichkeit der Gefängnisnacht: *„Diese Monate haben mir viel zerschlagen, dem Urteil nach zuletzt die ganze physische Existenz. Und doch sind so viele Wunder geschehen. Gott hat diese Sache ganz in seine eigene Regie genommen. Und ich habe das Rufen gelernt und das Warten auf die Botschaft und Kraft der ewigen Berge."* (264) Ein Rufen aus der Tiefe, so wie wir es natürlich auch aus den Psalmen kennen (vgl. Ps 130,1), findet hier seine Entsprechung. Theologie kann man offenbar nicht treiben ohne diese existentielle Erinnerung: das Wissen um die eigene Bezogenheit und Angewiesenheit auf Gott.

Es ist interessant, daß der Hymnus den Geist Gottes sofort mit Licht in Verbindung bringt: *Lucis tuae radium — Strahl deines Lichtes*. Und es ist mit Recht auch von Delp so empfunden worden, daß diese Apostrophierung des Lichtes mit dem Schöpfungsgeschehen in Verbindung steht. Unmittelbar an Gen 1,2 anschließend hören wir ja von der Erschaffung des Lichtes. Es muß also schon den Alten bewußt gewesen sein, daß der Geist Gottes etwas mit dem Licht und der Vertreibung der Finsternis zu tun hat: *„Das ist der erste Sinn dieses Flehrufes: daß das Licht*

Gottes die kreatürliche Düsterkeit und die schuldhafte Finsternis überwinde, uns die Träume und die Furcht aus den Augen wische und uns wieder sehend mache. Aber es gibt auch die andere Lichtnot des Lebens. Die Überhelligkeit Gottes blendet uns auch. Wir haben oft nur noch Eindrücke und Vermutungen und keine Zusammenhänge mehr." (265) Delp weiß also, daß das Licht den Menschen auch blenden kann. Das göttliche Licht ist so hell, daß es den Menschen manchmal überfordert. Aber das hindert Delp nicht, dem Lichtspender und Ursprung allen Lichts seine ganze engagierte Zuwendung zu widmen, die allein es ihm ermöglicht, dann auch die Finsternisse auszuhalten.

Vater der Armen

Veni pater pauperum — Komm, Vater der Armen: Die Kreatur, sagt Alfred Delp, stimmt das *Komme* dreimal an in dieser Strophe (vgl. 265). Dieser Flehruf macht deutlich, daß die Kreatur sich so versteht oder verstehen müßte wie die Armen im Geist, die in der Bergpredigt eine entscheidende Rolle spielen. Es ist eine Kreatur, die auf ständige Inspiration des lebenstiftenden Gottes angewiesen ist: „*Es ist der lebendige Gott, der Schöpfergeist, den wir rufen. Arm sind wir. Laßt uns das Gesetz der Not anerkennen und beten für uns und für das Land.*" (266) Die „Geistlosigkeit" trifft ja nicht nur den Einzelnen, sondern infiziert eine ganze Gesellschaft, hat eine fatale Bewegungsunfähigkeit im Gefolge anstelle aktiven Widerstands. Wo Widerstand geprobt wird, bleibt der Einsatz ein Risiko für Leib und Leben. Auch diese Einsicht verrät die Not, ist wiederum gesprochen aus der Nacht der Gefangenschaft.

Geber der Gaben

Veni dator munerum — Komm, Geber der Gaben: der dritte *Veni*-, also *Komme*-Ruf, der dem helfenden und schenkenden Gott gilt. Dabei müssen wir bedenken, daß dieser Gott nicht in dem Sinne *gut* ist, wie wir *Güte* denken und formulieren. Unsere Vorstellungen von Güte sind nicht identisch mit den Vorstellungen Gottes. Vielleicht müssen wir das in unseren Tagen deutlicher bewußtmachen, wenn wir von *schenken, Geschenk* und dem Bedürfnis danach reden. Das Bekenntnis zur Gabenvielfalt Gottes bezieht Delp auf seine einsame und gebundene Lage als Gefangener: *„Was hilft es mir in meiner jetzigen Lage, etwas von der Größe, die der Mensch haben müßte, zu vernehmen? In dieser Ausgestoßenheit und Einsamkeit und Gebundenheit! Aber da auf seinen einsamen Straßen die wärmende Nähe des Geistes zu spüren und seinen kräftigen Anhauch, das hilft wieder ein Stück weiter."* (267f.) Auch hier wieder die Kombination des theologischen Redens mit der Erfahrung der unmittelbaren Not! Das nenne ich theologisch verantwortbares Sprechen. All unsere akademische Theologie leidet weithin an diesem fehlenden Bezug zur Erfahrungswelt! Der eigene Wege gehende Gott *„findet Wege und Weisen der Tröstung, er hat Arten der Aufmerksamkeit, die die Zartheit und Findigkeit menschlicher Liebe weit übertreffen."* (268) Ein Zugeständnis, daß Gott auf ganz andere Weise zärtlich ist, als Menschen je Zärtlichkeit, Humanität beschreiben oder kennen.

Herzenslicht

Veni lumen cordium, Licht der Herzen — das Herz ist auch nach biblischer Sicht eine Umschreibung der Mitte des Menschen. Auch hier geht es wieder um das Licht. Licht und Finsternis — das klassische Oppositionspaar, Ordnung oder Sinn gegenüber Chaos. *„Daß unser Herz im richtigen Rhythmus bleibt und das richtige Gespür hat"* (269), sagt Alfred Delp, ist Wirksamkeit des Geistes Gottes. *Er erbarme sich* — und Delp formuliert das wieder in der Form des Gebetes im Anschluß an seine Erwägungen: *„Der Geist Gottes erbarme sich dieses armen, törichten, hungernden und frierenden, einsamen und verlassenen Herzens und erfülle es mit der wärmenden Sicherheit seiner Gegenwart."* (269)

O lux beatissima nimmt den Gedanken nochmals auf, daß das Licht die Finsternis zerstört, ausgrenzt zumindest und für den Menschen erträglich macht. Alfred Delp liegt viel daran, die Intimität des Begegnens mit dem Gottesgeist auszudrücken: *Reple cordis intima tuorum fidelium.* Die Gläubigen sollen innerlich erfüllt werden mit der Wirklichkeit des Gottes, der es mit der Intimität hält: *„... es geht wirklich um ein Leben der Intimität mit Gott. Mehr als der Pflicht, des Herkommens, der Übung, des Allgemeinüblichen... Es geht um die gesteigerte Verwirklichung der* *personalen Beziehung, als die allein Religiosität etwas taugt. Wie eine Freundschaft, eine Liebe eben als Liebe, im liebenden Austausch und Dialog durch alle Seinsschichten sich vollzieht und so immer mehr wird, so gilt es hier auch.*" (279)

Der Unbegreifliche

Und dann die Sätze, die uns immer wieder bewegen bei der Zitation dieser Sequenz: *Sine tuo numine/nihil est in homine,/nihil est innoxium. — Sine tuo numine* — ohne die geheimnisvolle Wirklichkeit und Aktivität Gottes — *nihil est in homine*, gibt es überhaupt gar keine menschliche Wirklichkeit, kann man den Menschen nicht verstehen. Es gibt diese *„innerste Unzufriedenheit mit dem tatsächlichen Zustand des Daseins, aus der heraus der Mensch immer wieder aufbricht und auf die Pilgerfahrt zum ewigen Antlitz des Menschen sich begibt.*" (281) Es ist also auch der Mensch, der sich zum Rätsel wird. Das Rätsel kann nur gelöst werden im Blick auf den unbegreiflichen Gott. Auch insofern ist der Mensch ein Abbild Gottes, als Unbegreiflicher ein Gegenstück zu dem unbegreiflichen Gott. Und auch da wieder der Bezug zur Gegenwart: *„Die Zeit der unerbittlichen Schicksale"*, die er erlebt, die *„Zeit der Grausamkeiten und Willkür. Die Zeit der sinnlosen Tode und der wertlosen Leben. Wir sollten nicht erschrekken, daß unser Leben sich selbst verwirkt hat. Und wir, die wir mithineingerissen werden in den unheilvollen Sturz, den wir zu verhindern vielleicht doch nicht genug getan haben, wollen im Schicksal selbst das Schicksal überwinden, indem wir es wandeln in den Ruf nach Gnade und Erbarmen, nach dem heilenden Strömen des Geistes.*" (281)

Der „Heile" und „Heilende"

Sana quod est saucium — heile, was verwundet ist: durch die Schläge, durch die Folter, auch die geistige Folter, durch die Entzüge, die dem Gefangenen zugemutet werden. Alfred Delp rät: *„Aber gerade deswegen soll der Mensch auch in der äußersten Not die Zuversicht nicht aufgeben. Er soll bedenken, daß der Herrgott sein Leben teilt"* — so das immer wieder zitierte Wort von Alfred Delp, daß Gott sein Leben mit uns teilt —, *„daß er vom Heiligen Geist* *in die Intimität mit Gott berufen ist und so der Herrgott selbst nun die harten Zeiten und Strecken mit durchwandert, also die äußere Bedrängnis tragen hilft.*" (292) Wo lesen wir solche Erwägungen in einer noch so spekulativen und durchtrainierten Theologie? Es ist aber ein notwendiges Erfahrungspotential, was erst glaubwürdig vom Geist Gottes sprechen läßt. So kann Delp sagen: *„Ich spüre es doch Tag für Tag, Stunde um Stunde: allein mit der Sache und Sachlage wäre ich schon längst innerlich erwürgt und erschlagen. Immer wieder schiebt sich die natürliche Logik und Konsequenz des Unheils würgend und giftig in das Bewußtsein. Daß in all dem auch eine Logik des Heils, der Führung und Fügung sichtbar wird, zu dieser Erkenntnis muß man sich selbst dann doch entschließen, wenn man sie sich erbetet hat. Und doch hilft mir der Geist Gottes immer wieder über die kleinen Stunden hinweg: ich weiß und spüre es... Gott heilt. Die heilende Kraft Gottes lebt in mir und mit mir.*" (293)

Dies zu glauben, kann keinem leichtfallen, der erlebt, daß und wie der Mensch den Menschen *„schlägt"*. Delp weiß um die härteste Provokation, die doch darin bestehe, *„daß auch Gott erscheint und seinen Menschen schlägt und ihm wehe tut"*. Das Bekenntnis zum „Heil" und zur „Heilung" ist von allzu-menschlichen Euphorien im Gottesbild zu lösen. Natürlich ist Gott nicht Verkörperung des *Unheils*, aber sein „Heil" ist anders, als Menschen jemals „Heil" erfassen, sich ausmalen können, insofern ist Gott auch ein „un-heiler Gott". Delp, der an die Seligpreisung der Trauernden und Leidtragenden erinnert, gesteht auch: *„Wie oft bleibt die Seligpreisung eben Verheißung und der tiefste und brennendste Schmerz des Menschen dieser, daß Gott es war, der ihm seine Wunden schlug.*" (291) Wer sich an Gott wendet, müßte sich auch die Bereitschaft zugestehen, die dunklen Seiten Gottes auszuhalten, daß er nur über den Abgrund getragen wird, wenn er die Hand des unfaßlich Erhabenen und zugleich unbegreiflich Nahen ergreift.

Leidenschaft

Flecte quod est rigidum — das Erstarrte so umbiegen und neu formen, daß Flexibilität einkehrt. — Und: *Fove quod est frigidum — die Erkaltung aufbrechen.* Hier hat Alfred Delp eine sehr schöne

„Definition" — so kann man ruhig sagen — des Geistes Gottes eingeführt: *„Der Heilige Geist ist die Leidenschaft Gottes zu sich selbst."* (298) *Die Leidenschaft Gottes zu sich selbst!* Wo hört man das in der traditionellen und noch so gelehrten Dogmatik? *„In diese Leidenschaft muß der Mensch einstimmen, sie mitvollziehen."* (298) Das Spektrum solcher Flehrufe zielt darauf hin, die unverzichtbare Portion Mobilität und Biegsamkeit in den Glaubensvollzug hineinzutragen und von der verwalteten Glaubensgestalt Abschied zu nehmen. *„Das verhärtete Leben ist krank bis auf den Tod"* (296) und *„‚Keiner durchschreite die Glut ohne Verwandlung'"* (301), schreibt Alfred Delp: *„Und wenn wir hundert Tore hinter uns haben und alle Brücken hinter uns verbrannt sind, dann haben wir vielleicht eine Ahnung von der Weite, der man verschworen sein muß, wenn man den Namen Gottes in den Mund nehmen will."* (301) Natürlich spielen die Erfahrungen des Krieges und insbesondere des Gefängnisses da hinein. Wo kann man die Befreiung von Kälte und Erstarrung dringlicher erbitten!

Sensibilität

Und die letzte Bitte, die ich ansprechen möchte: *Rege quod est devium.* Was abseits gegangen ist, möge wieder auf die Bahn geführt werden. Damit verbindet Alfred Delp den Gedanken daran, daß wir in unserer Gesellschaft die „Instinkte" verloren haben, daß wir nicht mehr die nötige Sensibilität — würden wir wahrscheinlich mit unserer Sprache heute sagen — haben. Er meint, daß gerade das ein Verlust der modernen Gesellschaft sei, die Instinktlosigkeit auf allen Ebenen, schlicht gesagt: der Verlust an Einfühlungsvermögen. Der Geist Gottes könne dazu führen, die Instinktfähigkeit wiederzugewinnen, *„die ‚Instinktfähigkeiten', die der Heilige Geist uns einerschafft und durch sein eigenes Leben wirksam und tüchtig erhält; sie bewahren uns vor dem devium, der blinden und untüchtigen und unglücklichen Begegnung mit den Wirklichkeiten."* (302)

Aus der Tiefe

Rückblickend sei um Verständnis dafür gebeten, daß nicht der Weg über die traditionelle Dogmatik gewählt wurde, die gelehrte

Fachsprache aufgreifend, sondern daß ich versucht habe, sofort in den Kern christlichen Redens vom „Geist Gottes" hineinzuschauen. Und da scheint mir der ansprechendste Zugang der zu sein, daß wir aus der Tiefe der menschlichen Kreatürlichkeit heraus, des Geschaffenseins und des Gefühls des Angewiesenseins, darüber reden, was eigentlich Leben schaffen im Sinne des Geistes Gottes bedeutet.

Es scheint mir außerordentlich wichtig zu sein für unser gegenwärtiges theologisches Arbeiten, daß wir auch wieder ganz unten anfangen: aus der Perspektive des Menschen, der die Geschöpflichkeit handgreiflich und leibhaftig erfährt, auch das Auf-sich-zurückgeworfen-Sein, die Geschöpflichkeit mit all ihren — auch negativen — Erfahrungen. Von daher spricht man ganz anders über den lebendigen Gott oder den Leben schaffenden Gott, als wenn man eine gutbürgerliche Theologie formuliert, die noch so gescheit, ansprechend, ästhetisch, befugt und beeindruckend sein mag. Aber sie ist doch nicht geboren aus der Not, aus einer abgrundtiefen Bedürfnislage heraus, in der der Mensch die Angelegenheit auf den lebendigen Gott stellt, ja stellen muß.

Ich möchte gerade das, was Alfred Delp zum Ausdruck gebracht hat, unterfangen durch einen Blick in das, was Menschen schon immer wieder versucht haben, vom „Geist Gottes" zu sagen. Das findet dann natürlich seinen Ausdruck auch in dem christlichen Bekenntnis, aber dieses steht eben nicht allein auf der Welt, und es steht nicht als erstes Bekenntnis da. Wie könnte es auch anders sein, wenn dieser Geist Gottes ein Schöpfergeist ist und die Welt durchformt, wenn er die Kreatur bestimmt? Denn nicht nur Christen sind Kreaturen. Andere spüren natürlich vielleicht noch viel härter und deutlicher die Kreatürlichkeit und haben sie auch beim Namen genannt. Und darum können wir auch in diesem Punkt von anderen Religionen enorm lernen, was die Annahme der Menschlichkeit und die Verwiesenheit auf den Schöpfergott bedeutet. Für alle Suchenden gilt letztendlich das Wort der Seligpreisungen, womit Delp seine Betrachtungen schließt: *„Selig, die Hunger und Durst haben"*.

2. Kathedra und Pneuma

Natürlich hat auch die Sprache der Dogmatik ihre Berechtigung, und ich möchte wenigstens auf einige der Punkte hinweisen, die mir wichtig erscheinen, vor allen Dingen im Hinblick auf das sogenannte Apostolicum, also jenes Glaubensbekenntnis, das wir beim Gottesdienst in der kürzeren Form sprechen. Denn das ist ja doch wohl der formale Ausdruck unseres christlichen und überkonfessionellen Gottesbekenntnisses, und da scheint es doch so, als wenn in den zwei Stellen, wo vom Geist Gottes die Rede ist – ... *empfangen durch den Heiligen Geist* und *Ich glaube an den Heiligen Geist* –, zu wenig spürbar wird von der existentiellen Befindlichkeit, die etwa in dem Bekenntnis von Alfred Delp angesprochen wird. Natürlich weiß die Dogmatik darum, daß man gerade hier eine ganze Menge hinzusagen muß über das hinaus, was über die ersten christlichen Jahrhunderte hinweg in der Reflexionsgeschichte betrachtet und bedacht worden ist, was in der Alten Kirche allerdings auch Stoff für unendliche Diskussionen und Streitereien geliefert hat: Welche Position hat der Heilige Geist sowohl in den Vorstellungen des Glaubens von der Wirklichkeit Gottes wie auch von der Beziehung Gottes zum Menschen?

Pneuma hagion

In einer Frühschrift von Kardinal Josef Ratzinger, seiner *Einführung in das Christentum*, werden in einer sehr ansprechenden, bedenkenswerten und weiterführenden Sprache diese Grundelemente des Glaubens erläutert. Bei der Erörterung des letzten Bereichs des Credo macht er sofort darauf aufmerksam, daß die Formulierung *Ich glaube an* den *Heiligen Geist* eigentlich gar nicht unmittelbar der griechischen Urfassung entspricht, denn dort fehlt der Artikel. *Ich glaube an heiligen Geist – Pneuma hagion:* mehr steht da nicht. Und Ratzinger entnimmt daraus wohl mit Recht die Überzeugung, daß es gar nicht so sehr um eine Verankerung in der Trinität, diesem Mysterium der Dreifaltigkeit, geht, sondern daß diese Aussage von vornherein auf die Vermittlung zielt: Es geht um den Geist, der Leben schafft, der Leben erneuert und der überall präsent ist, wo sich etwas regt und bewegt. Und dies hat Ratzinger mit gutem Grund erläutert, weil die Fassung des Credo ein wenig darüber hinwegzugehen scheint, jedenfalls auf den ersten Blick, und man muß schon genauer zusehen und auch das ausführlichere Glaubensbekenntnis, das Credo Nicaeno-Constantinopolitanum, hinzunehmen, um etwas mehr über die Wirksamkeit Gottes, des Geistes Gottes in die Zeit und in die Schöpfung hinein zu erfahren.

Trinität und Heilsgeschichte

So beobachtet Ratzinger in dem Apostolicum zunächst ein Miteinander zweier unterschiedlicher Aussagen, nämlich der trinitarischen und der heilsgeschichtlichen. Die trinitarische Aussage steht natürlich substantiell für die Abfassung des Credo überhaupt: Gott — Sohn — Geist, das ist ja die Gliederung des Credo. Die trinitarische Grundstruktur des Credo steht völlig außer Zweifel, aber neben dieser übergeordneten trinitarischen Struktur ist dann in die Fassung des Glaubensbekenntnisses auch der Blick auf die Geschichte Jesu, die Heilsgeschichte, hineingedrungen, so daß jetzt beides eigentlich miteinander verwoben ist, die trinitarische Grundstruktur und der Blick auf die Heilsgeschichte. Ratzinger meint — mit gutem Grund —, daß die Theologie nicht immer das Miteinander dieser beiden Ebenen bedacht habe, daß es auf der einen Seite dogmatische Überlegungen gibt, die ganz streng an der trinitarischen Grundfrage festhalten und die Funktion des Gottesgeistes innerhalb dieser Mysterienebene behandeln, auf dieser ontologisch-spekulativen Ebene des Trinitarischen, und daß auf der anderen Seite die Theologie, wenn sie Heilsgeschichte erfragt, gar nicht mehr die andere, die ontische Ebene berührt, sondern ausschließlich auf der Ebene einer — wie er es nennt — antiphilosophischen Theologie der Heilsgeschichte verbleibt. Er erkennt darin einen Mangel der Theologie — natürlich noch im Kontext der konziliaren Zeit —, und es ist ihm darum zu tun, diese beiden Ebenen wieder miteinander zu verbinden. Das ist im Ansatz durchaus legitim.

Heil und Natur

Ich möchte allerdings die Zusammengehörigkeit dieser beiden Ebenen, der trinitarischen und der heilsgeschichtlichen Sicht, viel lieber so vollziehen, daß ich noch weiter zurückgreife und dieses ungeheure Gut, das, was die Menschheit vorher über den Schöpfergeist gesagt hat, einzubringen versuche. Denn der Schöpfergeist verklammert diese beiden Ebenen. Jedwedes Reden über Trinität und Dreifaltigkeit entstammt letztlich dem Schöpfungsglauben. Basis für alles, was über den trinitarischen Gott gesagt werden darf, ist der Glaube daran, daß dieser Gott in die Schöpfung hineinwirkt, so daß Mensch *und* Natur betroffen sind.

Auf der anderen Seite glaube ich, daß wir nicht einfach berechtigt sind, Heilsgeschichte so zu verstehen, als könne unsere ganze jüdisch-christliche Theologie sich nur an Personen festmachen, an den göttlichen wie an den menschlichen – insbesondere an dem Schicksal der führenden Gestalten Israels von Mose bis Elija oder auch an dem des prominentesten Juden aus christlicher Sicht, des Jesus von Nazaret –, als wenn wir uns darauf konzentrieren sollten, allein auf den Wegen herausragender Figuren Heilsgeschichte beschrieben und geschrieben zu sehen. Heilsgeschichte ist nicht nur personen- oder menschenfixiert. Es ist auch ein beliebtes Mißverständnis, das sich so in die Theologie eingeschlichen hat, als wenn Heilsgeschichte gar nicht so sehr mit Schöpfungstheologie zu tun habe, sondern eigentlich erst anfangen könne bei der Anthropologie, also dort, wo es um den Menschen geht. Der Blick auf die Religionsgeschichte bestätigt, daß das Bedürfnis, die ganze Schöpfung – und darin natürlich auch den Menschen – einzubeziehen in diesen Weg, den Gott mit der Welt geht, höchst legitim ist. Das nötigt uns natürlich zu einem anderen Bewußtsein unserer Umwelt, nicht nur zu einem anderen Bewußtsein dem Menschen gegenüber. Daß wir dabei eine besondere Tradition für Humanität entwickeln, das kann man aus der traditionellen Heilsgeschichte entnehmen. Wenn wir aber ein neues Verhältnis zur Natur und zur Schöpfung gewinnen und erkennen, daß das der eigentlich grundlegende Weg ist, der durch die Zeiten hindurchgeht, dann sehen wir in der Natur einen unmittelbaren Gesprächspartner, auch wenn dieser Gesprächspartner anders redet, als Menschen reden. Aber deswegen ist dieser Gesprächspartner nicht sprachlos. Die Natur ist nicht sprachlos und nicht ohne Antwort und ohne Kommunikationsfähigkeit. Das sind Entdeckungsfelder, die die Theologie bewußter angehen muß. Für manch einen in unseren Tagen ist das selbstverständlich, aber auch da muß man die geistesgeschichtlichen Wurzeln dieses neuen Fragens bedenken, und die liegen wohl darin, daß man sich darauf besinnt, mit der Schöpfung ernsthafter ins Gespräch zu kommen und sie nicht als eine Größe von außen auf sich wirken zu sehen, sondern so, daß man mit ihr auf du und du stehen kann. So haben die alten Religionen die Schöpfung viel unmittelbarer erlebt und mit ihr sprechen können.

Ratzinger spricht von einer *Interferenz* zwischen Trinität und Heilsgeschichte, die er im Apostolicum entdeckt. Ich würde noch ein wenig weiter gehen und die Interferenz zwischen Schöpfung und Heilsgeschichte ansetzen, in die natürlich auch die Rede von der Trinität hineingehört. Das werde ich später noch an Beispielen erläutern, damit das nicht metaphysisch-ontologische Theologie bleibt.

Heilige und Sünder

In der *Einführung in das Christentum* werden schließlich zwei Aussagen des Credo unmittelbar diesem Zusammenhang von Trinität und Heilsgeschichte angeschlossen. Das sind das Bekenntnis zur Gemeinschaft der Heiligen und das Bekenntnis zur Vergebung der Sünden. Beide Bekenntnisse möchte Ratzinger als unmittelbare Aussagen im Kontext des Bekenntnisses zum Geist Gottes verstehen.

Er meint, die Gemeinschaft der Heiligen sei eigentlich gar nicht so sehr auf die heiligen Gestalten bezogen, die Blutzeugen und Bekenner — den „Hofstaat Gottes" —, die im Himmel sind, sondern zunächst ginge es um „das Heilige". Das Wort *sanctorum* sei ursprünglich nicht auf Personen bezogen, sondern bedeute die heiligen Gaben, *das* Heilige, das der Kirche in ihrer eucharistischen Feier von Gott als das eigentliche Band der Einheit geschenkt ist — ein Gedanke, dem man durchaus weitere Aufmerksamkeit widmen muß. Insofern kommt das zustande, was wir als Tischgemeinschaft um den Auferstandenen verstehen, daß also alle — auch Personen! — mitbedacht werden, die durch Gottes *eine* heilige Gabe selbst untereinander geeint und geheiligt werden. Also: Natürlich auch Personen, Heilige, aber zunächst geht es um die Versammlung *des* Heiligen insgesamt, und Ratzinger meint, das sei die Frucht der Wirksamkeit des Geistes Gottes, daß er eine Gemeinschaft konstituiert, wo das Heilige bewahrt wird.

In diesem Zusammenhang geht es ja auch um die Rede von der Vergebung der Sünden: Auch das ist für Ratzinger ein kirchengründendes Bekenntnis, und es hängt mit der Taufe zusammen, so daß die Eucharistie, die Mahlgemeinschaft, die eine Seite der Kirchengründung und Ausdruck des Wirkens des Gottesgeistes ist, und die andere sei eben die Taufe, die die Befreiung von Schuld impliziert und natürlich mit dem Bußsakrament verbunden ist. — Ratzinger redet also von zwei Angelpunkten: der Eucharistie, eben Tischgemeinschaft, die vom lebenspendenden Geist befruchtet ist, und der Taufe, die die eigentliche Freiheit der Kinder Gottes ermöglicht und die ebenfalls vom Geist Gottes inspiriert ist. Das seien die eigentlichen Fundamente der Kirche. Ich glaube, dem kann man ohne weiteres folgen.

Auch hier würde ich aber sagen: Sowohl die Gemeinschaft *des* Heiligen unter Einschluß eben der heiligen Personen wie auch die Vergebung der Sünden ist etwas, was nicht erst im Apostolicum als Ausdruck des Gotteswirkens zur Sprache kommt, sondern bereits in der vorchristlichen Zeit. Ich denke an die Rolle des Gottesgeistes in der Prophetie und an die besonderen Aussagen zur Sündenvergebung im Alten Testament, auf die wir natürlich noch zu sprechen kommen werden. Daß der Geist Gottes das Chaotische bezwingt, den Weg zur Befreiung eröffnet und den Menschen zum lebendigen Gotteszeugen macht, das sind bereits Einsichten derer, die uns die Ur-Kunde auch unseres Glaubens, die „ältere Bibel“, geschenkt haben. Der „Geist Gottes“ ist bereits im Vorraum dessen, was wir Kirche nennen, Urprinzip der Heiligkeit und zugleich das Licht zur Erleuchtung.

Die beiden Schritte – der erste Schritt in das persönliche Bekenntnis eines Gefangenen und das daher rührende eindringliche, existentielle Reden vom Geist Gottes, und dieser zweite Schritt in die tradierte Überzeugung vom schöpferischen Agieren des Gottesgeistes –, das scheinen mir die tragenden Orientierungspunkte, die uns auf unserem Weg zum ursprünglichen und elementaren Verständnis der Rede vom „Geist Gottes" begleiten sollen. Schauen wir auf das „Neue Testament", jenen Teil der Bibel also, aus dem die christliche Überlieferung in der Regel zuerst und zunächst ihre Konzeption vom „Geist Gottes" zu gewinnen trachtet.

3. Paulus und Johannes

Die — freilich in der Geschichte keineswegs ungebrochene — Rückorientierung am „Neuen Testament“ ist in der exegetischen Wissenschaft intensiv und extensiv behandelt worden. Fragt man gleichwohl nach dem Ertrag für das gläubige Umgehen mit der Rede vom „Geist Gottes“, bleibt ein unbefriedigender Kontrast zwischen der an Sprachbezügen und detaillierten Informationen reichen Gestalt der Auslegungsliteratur und dem Bedürfnis des fragenden Menschen von heute. Darum möchten wir hier bei den genannten beiden Perspektiven bleiben, wir werden aber auf dieser Linie unmittelbar in das Nebeneinander der Redeweisen mit dem „Geist“ und über ihn hineingeführt.

Geist von unten

Es liegt nahe, daß wir zunächst beim Epheserbrief des Apostels Paulus Station machen, weil hier eine überzeugende Verbindung zu Alfred Delp gegeben ist. Paulus schreibt diesen Brief nämlich als Gefangener:

Ich, der ich um des Herrn willen im Gefängnis bin, ermahne euch, ein Leben zu führen, das des Rufes würdig ist, der an euch erging. Seid demütig, friedfertig und geduldig. Ertragt einander in Liebe und bemüht euch, die Einheit des Geistes zu wahren durch den Frieden, der euch zusammenhält. Ein Leib und ein Geist, wie euch durch eure Berufung auch eine gemeinsame Hoffnung gegeben ist. Ein Herr, ein Glaube, eine Taufe. Ein Gott und Vater aller, der über allem und durch alles und in allem ist. Aber jeder von uns empfing die Gnade in dem Maß, wie Christus sie ihm geschenkt hat. (Eph 4,1–7)

Dieser bekannte Text sollte aus der Perspektive der angesprochenen „Kreatürlichkeit“ betrachtet werden. Denn nur so ist verständlich und nachvollziehbar, daß Paulus im Anschluß daran die Ämterverteilung nicht als ein Über- und Unterordnen sieht, sondern als eine gleichberechtigte Gestaltung verschiedener Dienste in der Kirche. Das ist eine Theologie von unten, die eben nicht das Hierarchische über alles stellt, sondern die charismatische Begabung aller Christen betont. Darum ist ganz wichtig, daß Paulus hier selbst notiert, daß er aus dem Gefängnis heraus Theologie betreibt. Das Wirken des Gottesgeistes also erschließt sich nicht einer saturierten, noch dazu in Interessengegensätzen erstarrenden Gesellschaft, sondern öffnet sich als bewegender Trieb den Gemeinschaften, die sich in der wechselseitigen Annahme ihrer Glieder als Geschöpfe des Gottes und Vaters aller verstehen und formen lassen. Der durch Christus vermittelte Friede beruht nicht auf bloßer Verordnung, sondern ist mit einer elementaren Hoffnung verbunden, die sich nur aus der Einheit des Geistes ergibt. Unfrieden und Unfreiheit entsprechen einander und zerstören die Einheit von Leib und Geist. Die gnadenhafte Erfüllung jedes Einzelnen dagegen, d.h. doch die Annahme und Ernstnahme des Individuums in der Gemeinschaft, ist jener schöpferischen Kraft eigen, deren Wirkung sich der Mensch in der Situation der Bedrohung für Leib und Leben ersehnt wie nirgends sonst.

Auch der Römerbrief des Apostels bietet eine zentrale Stelle, die den Zusammenhang des Geistes Gottes mit der erneuerten Gemeinde mittels einer Bewegung von unten her zum Ausdruck bringt:

Wenn der Geist dessen in euch wohnt, der Jesus von den Toten auferweckt hat, dann wird er, der Christus Jesus von den Toten auferweckt hat, auch euren sterblichen Leib lebendig machen, durch seinen Geist, der in euch wohnt. (Röm 8,11)

Auch dies ist nicht spekulative trinitarische Theologie, abgehoben von der Bedürfnislage des Menschen. Der „Geist" ist vielmehr beim und im Geschöpf präsent, er ist der absolut lebenspendende Faktor. Die besondere Vergegenwärtigung („Menschwerdung des Geistes") ist dann vollzogen, wenn sich die Glaubenden im Bekenntnis zur bleibenden, den Tod überdauernden Gegenwart Jesu zusammenfinden. Die „Einwohnung" Gottes, jüdischem Glauben mit der Vorstellung von der sogenannten Schechinah Gottes im Heiligtum wohl vertraut, stellt sich für

Paulus als „Einwohnung“ des Pneuma im Menschen dar. So kann Paulus sagen:

Ihr habt den Geist empfangen, der euch zu Söhnen macht, den Geist, in dem wir rufen: Abba, Vater. So bezeugt der Geist selbst unserem Geist, daß wir Kinder Gottes sind. Sind wir aber Kinder, dann auch Erben. Wir sind Erben Gottes und Miterben Christi. (Röm 8,15–17)

Hier manifestieren sich eine lebenszugewandte Geisttheologie und ein Schritt hin in eine neue Auffassung der göttlichen vielgestaltigen Wirklichkeit. Auch dies ist keine spekulative Theologie, die über innertrinitarische Geheimnisse nachdenkt, über die die Theologen zuweilen viel mehr zu wissen glauben, als in der Bibel steht. Der „Geist“ ermöglicht Gottessohnschaft und Gotteskindschaft ohne jede Abstufung. Die Gottesnähe der Schwestern und Brüder als „Erben Gottes und Miterben Christi“ äußert sich im jüdischen Abba-Ruf, der im „Geist“ zustandekommt. So ist die äußerste Intimität im Gottesverhältnis eine Wirkung dieses Geistes, der aus der menschlichen Gefangenschaft herausführt.

Wind, Beistand, Wahrheit

Das Johannesevangelium ist eine Fundgrube für das Reden vom Pneuma. Und *Pneuma* — das griechische Wort für *Geist* — hat ja auch in seiner sprachlichen Gestalt die Auffassung enthalten und bewahrt, daß es um ein *Wehen* geht, um einen *Luftzug*, aber nicht nur darum, sondern um ein Brausen, einen *Sturm. Pneuma* ist in der Tat ein natürliches Ereignis, nicht etwas Abstraktes. Das könnte möglicherweise ja auch der Kern einer erneuerten Geisttheologie sein, daß man sich klarmacht, daß das sogar das Wichtigste ist, was über den Geist immer wieder zu sagen ist: daß es nicht um eine abstrakte Größe geht, um ein Mysterium, das mit theologisch gereifter und differenzierter Begrifflichkeit erfaßt werden könnte, je „begriffen“ werden könnte. Das ist einfach von der „Sache“ her nicht möglich, auch wenn sich Theologen seit Jahrhunderten darum bemühen, auch wenn sie noch so feinsinnige und spekulative Gedanken ausbrüten, um gerade diesem Geheimnis des Geistes Gottes einen theologischen „Ort“ zu geben. Nein, es geht hier zunächst um eine natürliche Wirklichkeit, eine in Bildern der Schöpfung anzusprechende Wirklichkeit. Es geht um das *Brausen* einer neu schaffenden Wirkmacht, die wie ein Sturm daherkommt, nicht so „denaturiert", wie etwa bei uns heute von Effekt und Nutzen des Windes, von Windmaschinen oder dergleichen gesprochen wird. Mit dem kosmischen Kontext ist denn auch das Wort ausgestattet, das die Wirksamkeit des Geistes ins Bild setzt:

Der Wind weht,
wo er will;
du hörst sein Brausen,
weißt aber nicht,
woher er kommt
und wohin er geht. (Joh 3, 8)

Die geheimnisvolle Assoziation mit dem kosmisch-natürlichen Geschehen bedarf noch einer weiteren Ergründung, ist sie ja gerade im spekulativen Horizont der Theologie zu wenig reflektiert worden. Neben der schöpferischen Relevanz ist auch die kommunikative Bedeutung des Pneuma zu bedenken:

Ich werde den Vater bitten, und er wird euch einen anderen Beistand geben, der für immer bei euch bleiben soll. (Joh 14, 16)

Der „Geist Gottes" ist für das Evangelium eben auch der „Paraklet", der „Herbeigerufene", d. h. der Beistand und Helfer, nach der Auslegung in der Väterzeit auch der „Tröster". Diese Dimension stützt das gewonnene Verständnis, das nicht Lehre um der Lehre willen meint, sondern die aufhelfende Belehrung erkennt, die die Gemeinschaft aus Gott konstituiert. Die Vorstellung vom göttlichen „Geist", der zu Hilfe kommt, wenn man ihn anruft, ist neben ihrer alttestamentlichen Verankerung auch ein Erbstück aus der außerbiblischen Vorvergangenheit, wie uns der Blick auf die Verehrung des ägyptischen „Geist-Gottes" zeigen wird.

Die Fortsetzung unseres Textes führt ein wichtiges Attribut ein:

Es ist der Geist der Wahrheit, den die Welt nicht empfangen kann, weil sie ihn nicht sieht und nicht kennt. Ihr aber kennt ihn, weil er bei euch bleibt und in euch sein wird. (Joh 14, 17)

Der „Geist Gottes“ ist für das Evangelium näherhin und vor allem „Geist der Wahrheit“. Dieser wird dann bei der Gemeinde bleiben, wenn die Liebe ihre Chance bekommt, die Liebe, die zugleich eine Antwort auf den Willen Gottes ist und die Beistand Gottes ermöglicht, Beistand auch der Menschen untereinander. Der „Geist der Wahrheit“ ist dem Vater und dem Sohn in gleicher Weise verbunden. Aber das ist eben nicht eine Aussage, die jetzt nun wieder trinitarisch, trinitätstheologisch sofort fixiert und indoktriniert werden kann, sondern es ist eine Aussage, die unmittelbar mit dem Leben einer Gemeinde, einer Gemeinschaft aus Gott zu tun hat:

Wenn aber jener kommt, der Geist der Wahrheit, wird er euch in die ganze Wahrheit führen. Denn er wird nicht aus sich selbst heraus reden, sondern er wird sagen, was er hört, und euch verkünden, was kommen wird. (Joh 16,13)

Davon ist das Johannesevangelium beherrscht, das der geistdurchwirkten „Wahrheit“ die Wege ebnen will. Die Reden vom unberechenbaren Wind, vom „Beistand“ und auch von den Ursprüngen der „Wahrheit“ haben vergleichbare Formulierungen in der gnostischen Theologie zur Seite. Die Gnosis ihrerseits hat gewaltige, noch gar nicht ausgeschöpfte Vorstufen in der Theologie des Alten Ägypten, so daß wir uns gar nicht wundern müssen, daß gerade auch manche Sprachregelungen, manche Phraseologien im Johannesevangelium ein später Nachklang der altägyptischen Lehre vom Geist Gottes sind, und zwar transportiert auf dem Weg über die Gnosis, die sich zum großen Teil ägyptischer Theologie verdankt. Von dieser religionsgeschichtlichen Kontinuität mit ihren Brechungen wird noch die Rede sein.

Auch hier treffen wir also wieder auf sehr alte Spuren, die uns darauf hinweisen, wie stark das Christentum in dem wurzelt, was bereits früher von Menschen geglaubt und als göttlichen Ursprungs anerkannt und bekannt wurde. Dabei wird uns sowohl die wurzelhafte Verbindung zur elementaren Lebenssehnsucht wie auch der nicht minder starke Drang zur gemeinschaftstiftenden Wirklichkeit des Schöpfergottes vor Augen treten. Die Verzweigungen der Herkunft einschlägiger Vorstellungen vom „Geist“ in der biblischen und außerbiblischen Tradition werden uns nunmehr beschäftigen.

II. Teil

Bilder vom Schöpfergeist

1. Das erste Bibel-Bild vom „Geist“

1.1 ... und die ›Ruach‹ Gottes flatterte über den Wassern

Wir wenden uns jetzt dem ersten wichtigen alttestamentlichen Text zu, der in der Nachreflexion eine viel größere Rolle spielen müßte, als es weithin geschieht. Es geht um den ersten Schöpfungstext in der sogenannten Priesterschrift. Obwohl an erster Stelle stehend, ist dieser erste Schöpfungstext nicht der früheste in der alttestamentlichen Literaturgeschichte, doch kommt in ihm brennpunktartig das zur Sprache, was für die Substanz der „Geisteslehre“ der „Älteren Bibel“ von außerordentlicher Wichtigkeit ist. Denn wenn dort in Gen 1,2 von einer Bewegung des Gottesgeistes gesprochen wird, der „Ruach Elohim“, die über dem Wasser *flattert*, wie es wörtlich heißt, dann haben wir darin sowohl einen biblischen wie einen außerbiblischen Bezug vereint. Schon der erste Eindruck angesichts solcher Sprache lehrt, daß hier mythologische Vorstellungen zugrunde liegen, denen wir im einzelnen nachgehen wollen. So bedeutet der erste Schöpfungstext der Priesterschrift aus der Zeit des babylonischen Exils Israels sozusagen eine Art Programmanzeige eines eigenen Redens vom „Geist Gottes“ in der Bibel. Um so höher, denke ich, dürfen wir diesen Text einschätzen. Er ist gewissermaßen der Ausweis, wie legitimerweise vom Geist Gottes gesprochen werden muß, vor allen Dingen, welche Wirkung er in Schöpfung und Geschichte hat.

Die Bibel setzt gleichwohl sofort einen irritierenden Punkt, indem sie in die Chaosschilderung hinein, noch bevor Licht entsteht, vom Geist Gottes in dieser Welt spricht. Würde man nicht lieber den „Geist Gottes“ gerade dort und nur dort ansiedeln, wo von Ordnung und von gesicherter Lebenszone oder auch von auf Dauer hin, auf Zukunft hin gerichteter Verfassung im Verbleib auf Erden die Rede ist? Sollte man nicht da gerade den Anspruch und die Verwirklichung der Geistdimension Gottes suchen?

Unser Text scheint das jedoch anders zu sehen, und deswegen sollten wir uns den Kontext etwas genauer anschauen, und zwar unter der speziellen Perspektive, wie und wo denn dort vom „Geist Gottes" gesprochen wird, welche Funktion oder Rolle dem „Geist Gottes" zugemessen wird. Eine Antwort darauf ist nur möglich, wenn wir die Komposition und die Struktur dieses Textes bedenken. Natürlich ist hier nicht der Ort, eine umfassende Exegese des ersten Schöpfungstextes zu liefern. Die Fragestellung lautet vielmehr: Welche Gestalt und welchen Platz hat die Rede vom Geist Gottes in diesem ersten Schöpfungstext?

Als Grundlage unserer Überlegungen soll eine Arbeitsübersetzung des näheren Kontextes dienen, dessen Umfang hier durch Hinzunahme der relevanten Fortsetzung erweitert ist. Durch den unterschiedlichen Druck sind bereits die diskussionswürdigen Spannungszeichen im Text angezeigt. Außerdem werden die problematischen Ausdrücke teilweise zunächst unübersetzt gelassen.

1,1 *Im Anfang, als Gott schuf den Himmel und die Erde,*

2 ***— die Erde aber war ›Tohuwabohu‹,***
Finsternis war über ›Tehom‹, Vorwelt
und die ›Ruach‹ Gottes flatterte
über den Wassern —

3 *da sprach Gott:*
Es werde Licht,
und es wurde Licht.
4 *Gott sah, daß das Licht gut war.*
Gott schied das Licht von der Finsternis.
5 *Und Gott nannte das Licht Tag,*
und die Finsternis nannte er Nacht.
Es wurde Abend, und es wurde Morgen:
Tag eins.

6f ***Da sprach Gott:***
Ein ›Firmament‹ sei inmitten der Wasser
und sei eine Scheidewand zwischen Wassern
von Wassern. Raum
Und Gott machte das ›Firmament‹
und schied zwischen den Wassern …
So geschah es …

14f *Da sprach Gott:*
Lichter sollen am ›Firmament‹ des Himmels sein,
um Tag und Nacht zu scheiden.
Sie sollen Zeichen sein **Zeit**
und zur Bestimmung von Festzeiten,
von Tagen und Jahren dienen...
So geschah es.

Dieser Ausschnitt aus dem ersten Schöpfungstext der sogenannten Priesterschrift soll uns einen vorläufigen Einblick in das Werden dieser Kosmogonie verschaffen. Wir bedenken zugleich, daß der oder die Autoren dieses Textes Jerusalemer Priester und Tempeltheologen waren, die spätestens im Zuge der zweiten Wegführung der Bevölkerung Judas/Jerusalems (587/586 v. Chr.) ins Babylonische Exil gelangt sind, um dann in der Fremde diese Vorstellungen vom Anfang der Schöpfung zum Abschluß zu bringen. Dies sei betont, weil die Textfassung selber zwingend ergibt, daß wir mit jerusalemischen Traditionen und Kenntnissen rechnen müssen, die ins Exil hinein weitergewirkt haben, wie dies übrigens auch für den zeitgenössischen Propheten Ezechiel veranschlagt werden muß.

1.2 Im Anfang, als Gott erschuf...

Der Text bietet sofort einige Schwierigkeiten, wie der Vergleich mit der Einheitsübersetzung zeigt. Allgemein üblich ist, daß man den ersten Vers der Bibel als Überschrift versteht und als selbständigen Satz übersetzt: *Am Anfang schuf Gott Himmel und Erde.* In dieser Form ist uns dieser Satz geläufig. Es gibt aber gleich hier eine grammatikalische Problemzone, die es schon früheren, auch jüdischen, Interpreten naheliegend erscheinen ließ, diesen V. 1 anders zu verstehen, und zwar als eine Art Hintergrund für das, was dann im Vordergrund ausgedrückt werden soll und erst im eigentlichen Hauptsatz folgt. Die Schwierigkeit für den Übersetzer hängt am ersten Ausdruck „Im Anfang" (hebräisch *bereschit*), nach dem das Buch Genesis im jüdischen Kanon benannt wird. In der gegebenen, uns überlieferten Fassung kann man den Ausdruck nur als unselbständigen Hinweis auf eine folgende

Näherbestimmung verstehen, also nicht: *Im Anfang hat erschaffen...*, sondern wortwörtlich: *Im Anfang des Erschaffens Gottes von Himmel und Erde...*, so daß das Wort *Anfang* das sogenannte *nomen regens* wäre, von dem dann die folgende Erklärung abhängig ist. *Im Anfang, da Gott erschuf Himmel und Erde,* um später erst die eigentliche Aussage des Hauptsatzes folgen zu lassen. Bevor dieser zur Debatte stehen soll, eine grundsätzliche Betrachtung zum Verständnis des Erschaffens.

Gott „erschafft"

Das Verbum *bara',* „erschaffen", nur von der Priesterschrift und von dem neben Ezechiel zeitgenössischen Propheten Deuterojesaja gewählt, zielt auf das autonome und souveräne Schaffen Gottes und gilt mit Recht als eine theologische Begriffsschöpfung, die das göttliche Schaffen im Blickfeld Israels auf ein einsames und unvergleichliches Niveau setzen möchte.

Das Gewicht der folgenden Darstellung liegt freilich nicht auf der Tatsache oder gar dem Vorgang des Schaffens im einzelnen, schon gar nicht auf der Frage, ob Gott zu Anfang irgendein Material benutzt habe. Das steht hier gar nicht zur Debatte, so daß eigentlich nicht ein präziser Bericht über die Schöpfungsvorgänge vorliegt, sondern lediglich in Anknüpfung an die Einsicht, daß Gott Himmel und Erde erschaffen hat, eine Aussagefolge zur Charakteristik des göttlichen Schaffens überhaupt, nämlich als ein Ereignis, das im Wort und durch das Wort Gottes geschieht. Diese Charakteristik des göttlichen Schaffens erfolgt nach Art eines aufgeschlagenen Bilderbuches in mehreren Szenen. Diese Bilder haben überhaupt nichts — und das sei zum wiederholten Male betont — mit irgendeiner naturwissenschaftlichen Darstellung zu tun. Das ist überhaupt nicht Gegenstand oder Ziel dieses ersten Schöpfungstextes, sondern es soll in Bildern, in Einzelszenen, die auf die Tage der Woche verteilt sind, dargestellt werden, geradezu illustriert werden, was der Autor und die Autoren unter den Anfängen der Welt verstehen. Aber das betrifft nicht nur etwas, was vergangen ist, sondern es wird erzählt mit besonderer Zielrichtung auf das, was gegenwärtig — im sechsten Jahrhundert v. Chr. — geschieht, also die Notlage der damaligen Belagerung Jerusalems, vor allem aber die

Situation im babylonischen Exil, wo man gewissermaßen darauf brannte, eine Erneuerung Israels zu gewinnen, um nicht in Resignation zu verfallen. In diese Situation der Zerstörung Israels ist der erste Schöpfungstext „hineinkomponiert" worden als das Zeichen für eine grundlegende Erneuerung, ja Neuschöpfung Israels.

Dieser Gedanke sollte uns immer bewegen, wenn wir den ersten Schöpfungstext lesen. Er will Israel das Gefühl vermitteln: Gott schafft uns neu, und wir sind als Volk Gottes nicht untergegangen im Exil, im Gegenteil. Gott läßt uns in dieser Schöpfung bestehen und schafft uns in eine neue Wirklichkeit hinein. Und diese neue Wirklichkeit — das lehrt der Fortgang des Schöpfungstextes — ist im wesentlichen dadurch charakterisiert, daß die Schöpfung etwas mit dem Kult zu tun hat, insbesondere mit dem Schabbat, der ja nicht umsonst als der letzte Schöpfungstag oder — genauer — als der Tag der Ruhe charakterisiert wird, ein Tag, der allerdings nicht eine passive Ruhe Gottes beinhaltet, sondern seine höchst aktive Tätigkeit im Segnen und Heiligen. Es geht um einen Prozeß, der an dem kultischen Geschehen Israels orientiert ist, so daß jede Woche mit ihrem Schabbat eine zeitliche Erinnerung an die grundlegende Schöpfungstat Gottes bedeutet, die dann auch in der Erinnerung Israels eine Erneuerung der Schöpfung zum Ausdruck bringt. In jeder Woche wird Israel gewissermaßen neu, mit jedem Schabbat gewinnt Israel aufs neue seine Existenz und seine Legitimation. Der erste Schöpfungstext am Anfang der Bibel hat also eine enorme Bedeutung. Er ist nicht nur rückwärts gewandt auf die allerersten Anfänge, sondern unmittelbar bezogen auf die Gegenwart.

Gott „spricht" und „scheidet"

Schauen wir nun weiter auf die Besonderheiten dieses Textes. Der Vordersatz steht in V. 1 — wo aber beginnt der Hauptsatz? Es gibt zwei Möglichkeiten, die in der Forschung gegenwärtig noch immer diskutiert werden. Einmal könnte die Fortsetzung mit V. 2 gegeben sein, so daß die hier gegebene Darstellung der „Vorwelt" den Hauptsatz zu dem Vorsatz in V. 1 bildete: *Im Anfang, da Gott erschuf Himmel und Erde, da war die Erde wüst und leer…* oder auch, mit einer ingressiven Nuancierung: *Als*

Gott begann, Himmel und Erde zu schaffen, da war die Erde wüst und leer...

Das wäre die eine Möglichkeit, die ich auch nicht einfach beiseite schieben möchte, aber ich halte sie für weniger wahrscheinlich als die andere, der schon der berühmte jüdische Grammatiker Raschi den Zuschlag gegeben hat, nämlich daß der eigentliche Hauptsatz mit V. 3 beginnt. So habe ich es auch hier im Text ausgeführt, wobei ich V. 2 als eingeschobene Kurzsatzfolge, sprich „in Parenthese" verstehe. Also, der Vordersatz oder der Nebensatz wäre: *Im Anfang, da Gott erschuf Himmel und Erde...*, dann käme — in Parenthese — die Aussage über den Urzustand, und dann: *da sprach Gott...*, so daß der eigentliche Hauptsatz dieses Textes mit dem Sprechen Gottes ansetzt. Das wäre auch wieder von enormer Bedeutung für das Verständnis! Dann würde nämlich das Schaffen, das am Anfang mit dem hebräischen *BR'* apostrophiert ist, durch dieses Sprechen kommentiert, dieses Sprechen, das die Trennung von Licht und Finsternis artikuliert und dadurch bewirkt. Das wäre also die theologische Tendenz, die sich aus dem etwas komplizierten Anfang der Bibel ergibt: daß das souveräne Schaffen Gottes, was ja mit der Wurzel *BR'* gemeint ist, sich zunächst artikuliert im Sprechen Gottes einerseits und dann in seinem Scheiden, im Differenzieren von Licht und Finsternis andererseits. Das ist ein ganz wichtiger Gedanke, daß sich das Schaffen im eigentlichen Sinne einmal durch das Sprechen vollzieht, durch das Aussprechen der Dinge — die Sprache als Grundform der Kommunikation —, und zum anderen dadurch, daß in dieser Sprache eine Differenzierung, ein Teilen, ein Scheiden vollzogen wird. Jede Schöpfung hat also im tiefsten Sinne mit einer Kontaktnahme — das Sprechen ist ja auch ein Bild! — zu tun: Gott interessiert sich für die Welt. Gott schafft eine Brücke zu dieser Welt hin und ist ihr verbunden von seinem Wesen her.

Das andere ist, daß die Neuschöpfung dieser Welt und überhaupt die Schöpfung dieser Welt, Schöpfung überhaupt von Wirklichkeit, mit Unterscheiden und Teilen zu tun hat, wie jede Sprache dadurch wächst, daß man Begriffe findet und damit Distinktionen einführt. Das sind Überlegungen, die sich gleich mit den ersten Bibelversen einstellen.

Dadurch aber, daß dieses komplizierte Satzgefüge am Anfang der Bibel steht, wird V. 2 in gewissem Sinne isoliert, und wir stehen vor dem Problem, wie wir denn dann diesen V. 2 zuordnen. Hier hilft uns eine weitere Betrachtung der Komposition des Textes weiter. Zunächst müssen wir den Eindruck haben, als wäre V. 2 einfach ein Block, den man hineingeschoben oder übernommen hätte und der nicht notwendigerweise in diesen Zusammenhang hinein müßte, auf den man vielleicht um der glatteren Lesung des Ganzen willen verzichten könnte. Aber verzichten sollte man am besten nicht auf biblische Texte, gerade wenn sie als sperrig oder störend erscheinen. Sie haben ihren Ort, und es ist unsere Aufgabe, diesen ausfindig zu machen. Könnte es sein, daß wir es in dem rätselhaften V. 2 mit einem Relikt aus älterer Tradition zu tun haben? Vielleicht handelt es sich gar um den ursprünglichen Anfang des ersten Schöpfungstextes? Um im Fall des ominösen V. 2 ein genaueres Bild zu bekommen, müssen wir uns erst dem weiteren Verlauf des jetzigen Textes zuwenden. Wir suspendieren das Problem, um es nach den folgenden Beobachtungen wiederaufzunehmen.

1.3 Zweimal: Tag und Nacht

Es gibt im ersten Schöpfungstext eine gravierende Spannung, die in den Kommentaren zwar angedeutet, aber vielfach doch ein bißchen zu schnell übertüncht wird. Unter „Spannung“ im literarischen Zusammenhang versteht man eine Sinnschwierigkeit (auch „Kohärenzstörung“ genannt) innerhalb des Textes, die uns hindert, den Text sozusagen wie „aus einem Guß“ zu empfinden und als geschlossenes Ganzes zu begreifen. Hier in diesem Text konkurrieren zwei Aussagen miteinander. V. 3, also der eigentliche Hauptsatz im jetzigen Textverlauf, berichtet in Verbindung mit den folgenden V. 4 und 5, was am ersten Tag geschehen ist: die Erschaffung des Lichtes durch das Wort und die Abtrennung von der Finsternis.

Diese Formulierungen konkurrieren nun augenfällig mit dem, was erst später, in V. 14 und 15, zur Sprache kommt, nämlich die

Erschaffung der Gestirne, also der Sonne, des Mondes und der Sterne. Das kann man vielleicht aufs erste ganz schnell beseitigen, indem man sagt — so geschieht es auch meist in den Kommentaren und Erklärungen —, daß zunächst grundsätzlich das Licht von der Finsternis geschieden worden sei, daß das aber nicht unbedingt die konkrete Beleuchtung und Erleuchtung der Welt bedeute und schon gar nicht unmittelbar die Gestirne betreffe. Nun sind das etwas „wackelige" Erklärungen. Es bleibt eine gewisse Konkurrenz, die wir als ernsthafte Spannung bezeichnen müssen, um so mehr, wenn wir jeweils die Funktionen betrachten. In V. 3–5 ist doch — das ist das gravierendste Argument — davon die Rede, daß Licht und Finsternis die Funktion haben sollen, den Wechsel von Tag zu Nacht und Nacht zu Tag zu kennzeichnen. Die *Nacht* ist Bezeichnung der Finsternis, und der *Tag* steht für das Licht. Aber wenn das auf diese Weise schon am Anfang unterschieden wird — wozu bedarf es dann noch, so könnte man fragen, der Gestirne? Oder auch umgekehrt: Wenn die Gestirne geschaffen werden, um ebenfalls diese Funktion zu haben, „Tag und Nacht zu scheiden", wie es ausdrücklich in V. 14 heißt, so fragt man sich, weshalb Licht und Finsternis am Anfang geschaffen werden. Was sollen die eigentlich da? Könnte man sich nicht einen anderen, gefälligeren Ablauf denken, daß also Sonne, Mond und Sterne in erster Linie wegen ihrer kalendarischen Funktion geschaffen werden, wie sie ja für die Bestimmung der Festzeiten kultisch wichtig ist, worauf in V. 14 deutlich hingewiesen wird?

Das ist eine Spannung, von der ich meine, daß sie nach wie vor konstitutiv ist für das Verständnis des ersten Schöpfungstextes. Auch hier kann man zwei Lösungen vorschlagen. Die erste Lösung wäre die, daß man sagt, V. 3–5 bilden die Erstfassung oder Grundfassung, und die Aussage über die Schöpfung der Gestirne wäre dann eine spätere Präzisierung. Die Aussagen in V. 14 und 15 würden gewissermaßen die Unterscheidung von Licht und Finsternis konkretisieren im Sinne eines weiterführenden Kommentars. Die andere Lösung, die mir überzeugender erscheint, wäre die, daß in V. 3–5 jemand schreibt, der über Licht und Finsternis am Anfang der Dinge eine intensiver reflektierende Position ausdrückt und damit anzeigt, wie er die Urgewalt des Lichtes, die Bedeutung des Lichtes im Unterschied zur Finsternis grundsätzlich einschätzt. Dagegen würde man die ursprünglichere Auffassung, die in V. 14 angesprochen zu sein scheint, in einer unmittelbareren Wertung der Gestirne erkennen dürfen, denen zunächst die Funktion der Scheidung von Tag und Nacht zugesprochen worden ist. Wir hätten also nach dieser Lösung in V. 14 — das ist oben auch im Druck hervorgehoben — einen älteren Entwurf vor uns, in den die V. 3–5 später eingearbeitet wurden.

Kehren wir zum Problem der Verortung von V. 2 zurück! Dem Sachverhalt werden wir am besten gerecht, wenn wir auch schon in V. 2 eine Ebene wahrnehmen, die noch vor der jetzigen Textfassung liegt. V. 2 wäre somit von V. 1 einerseits und von V. 3–5 andererseits eingerahmt worden, um den jetzigen Textverlauf vor Augen treten zu lassen.

Das ist eine durchaus ungewöhnliche Auffassung dieses ersten Schöpfungstextes, die in die Kommentare noch keinerlei Eingang gefunden hat, aber ich denke, daß man nur so die Schwierigkeiten ausräumt. Ich schlage also vor, daß man V. 1 und die V. 3–5 als Kommentar zu V. 2 versteht, wobei dann V. 2 in V. 14 eine Ebene findet, die auf der gleichen Intention beruht. V. 2 und V. 14f. würden also eine Erstfassung des Schöpfungstextes darstellen, die später kommentiert worden wäre. Freilich ist auch damit noch nicht alles über die Textwerdung gesagt. Wir werden vielmehr zu fragen haben, ob sich nicht noch mehr über die vermutete Erstfassung unseres Schöpfungstextes sagen läßt.

1.4 Die getrennten Wasser

Vor allem von V. 6 an geht es um die Schöpfung einer Wirklichkeit, die wiederum ein wenig isoliert zu sein scheint, nachdem zuvor von Licht und Finsternis gesprochen wurde. Es zeigt sich da erneut, daß wir eine — wenn auch schwächere — Spannung vor uns haben. Man würde sich wünschen, daß nach dem, was zum ersten Tag dargestellt wird, also in V. 3–5, eine unmittelbar darauf Bezug nehmende zweite Schöpfungswirklichkeit zur Geltung käme, also irgend etwas, das mit Licht und Finsternis direkt zu verbinden wäre. Das ist jedoch nicht der Fall. Statt dessen nimmt V. 6 auf etwas Bezug, das sich *inmitten der Wasser* befindet — ja, welche Wasser sind das? Zu erwarten wäre doch, daß soeben erst die gemeinten „Wasser“ zitiert sein müßten, auf die man jetzt näher eingehen könnte, die Urwasser der Schöpfung. Da bleibt gar nichts anderes übrig, als *die* Wasser gemeint zu sehen, die in V. 2 erwähnt werden, so daß ein unmittelbarer Konnex von V. 6 mit V. 2 gegeben ist. Die Wahrscheinlichkeit ist also groß, daß sich die V. 3–5 — in Verbindung natürlich mit V. 1 — tatsächlich als Kommentar zu einem Erst-Entwurf herausstellen, daß aber V. 2 und 6 zusammengehören.

Im Zentrum dieser zweiten Szene steht das „Firmament“, das freilich nicht einfach der Himmel ist, denn dafür gibt es ein anderes hebräisches Wort. Unter dem „Firmament“ dürfen wir uns eine dünne Wand vorstellen, die die rauhe Wirklichkeit von jener Zone abtrennt, in der sich das Leben bilden soll. Zu vergleichen ist diese Scheidewand mit einer riesigen Eierschale. Das ist ja wohl auch das großartige Bild im Hintergrund: Die Welt ist wie ein gewaltiges Ei, in dem sich das Leben entfaltet, geschützt vor den gefährlichen Mächten ringsum, die mit den Wassern symbolisch erfaßt sind. Aus außerbiblischen Vorstellungen wissen wir, daß man dort ebenfalls an eine dünne Scheidewand dachte; die Ägypter nannten sie „Bia“ und schrieben ihr die Funktion einer Trennung und Sicherung nach Art einer Eierschale zu. So ist die biblische Rede nur zu verstehen, wenn wir uns die einfache Art der Naturbeobachtung im Orient vergegenwärtigen, wie von der alltäglichen Erfahrung her — jedermann wußte um das Ei als lebensbergende Einheit — ein Weltbild, genauer ein Bild der Weltentstehung geformt wurde.

1.5 Vorwelt — Lebensraum — Lebenszeit

Wir wollen nun eine Gliederung der vermuteten Erstfassung versuchen. V. 2 beinhaltet eine Nachricht über den chaotischen Urzustand; das sei durch die Kennzeichnung „Vorwelt“ angedeutet. V.6f. folgt darauf als nächste Formulierungseinheit, indem jetzt etwas über das sogenannte *Firmament* gesagt wird, das die Funktion hat, zwischen den Wassern zu scheiden. Zugleich wird mit dieser Szenerie die räumliche Differenzierung eingeleitet, die zur

Erstellung eines sicheren Lebensraums führt. Und danach dürfen wir als nächstes die Bestimmung der Gestirne in V. 14 ansetzen, da wir hier von dem nächsten entscheidenden Schritt hören, nämlich der Einrichtung einer Instanz, die mit der Regulierung von Tag und Nacht die Lebenszeit setzt.

Wenn wir diesen ersten Textentwurf im Zusammenhang betrachten, haben wir jeweils auch eine Anknüpfung. V. 2 endet mit den *Wassern,* in V. 6f. wird die Rede von den Wassern wieder aufgenommen und unmittelbar weitergeführt, indem von einem *Firmament* die Rede ist. Als nächstes schließt dann mit V. 14 die Aussage an, welche Bedeutung die Gestirne an diesem *Firmament* haben. Somit liegt uns hier ein zusammenhängender knapper Schöpfungstext vor, den die Priesterschrift später ausführlich kommentiert hat, so daß der Text entstand, den wir heute vor uns haben.

Diese Ausführungen waren notwendig, damit wir die Rolle des Geistes Gottes im ersten Sektor dieses Erstentwurfes zur Schöpfung verstehen: Die Rede vom Geist Gottes hat gewissermaßen eine Scharnierfunktion zwischen V. 2 und V. 6. Sie steht zwischen der Rede von der Vorwelt, dem *Tohuwabohu,* und der Rede von der Lebenszone, die durch die Scheidewand des *Firmaments* gesichert wird.

1.6 Tohuwabohu

Mit dieser chaotischen Urwirklichkeit müssen wir uns als nächstes befassen. Ich habe die schwierigen Wörter, um die es geht, einfach so stehen lassen, ohne sie ins Deutsche zu übersetzen. Bezeichnend sind bereits die Kurzsätze, die so überhaupt nicht mehr in der sonstigen Darstellung des Schöpfungstextes wiederkehren. Und es ist auch bezeichnend, daß vom Chaos sonst überhaupt nichts mehr verlautet, keinerlei Rückbezug mehr darauf erfolgt, so daß man den Eindruck haben muß, die jüngeren Autoren drängten diese Chaosschilderung ein wenig zurück und bedächten sie nicht weiter. Die Priesterschrift mache sie nicht weiter zum Thema ihrer sonstigen Ausführungen, so könnte es scheinen, aber das ist eben nur der erste Eindruck. In Wahrheit hat die Priesterschrift durchaus die Schöpfungswirklichkeit am

Anfang in ihrer chaotischen Urgestalt ernstgenommen und macht sie sogar zum Prinzip weiterer Geschichtsdarstellungen.

Die drei Kurzsätze am Anfang sind sprachlich unterschiedlich gestaltet, obwohl sie allesamt den sogenannten Nominalsätzen nahe stehen. Der erste Satz — *Die Erde aber war ›Tohuwabohu‹* — verwendet das Verbum *haya*, das als Hilfsverbum, aber auch als Vollverbum gebraucht werden kann: Die Erde *war* oder *stellte sich dar* — könnte man möglicherweise sogar sagen — als *Tohuwabohu*. *Tohuwabohu* ist ja eine im Deutschen sprichwörtlich gewordene Bezeichnung des Chaotischen, genauer müßten wir sagen: der Orientierungslosigkeit. *Tohu* ist das eine Wort, und *bohu* ist das ähnlich klingende zweite Wort; *tohu wa... (wa* ist die hebräische Konjunktion *und), tohu und bohu:* gewöhnlich übersetzt mit *wüst und leer.* Aber das sind nur Hilfsübersetzungen, weil kein Mensch richtig weiß, was *tohu* und was *bohu* bedeuten. In der Bibel selber meint *tohu* hauptsächlich die Wüstenei, die Öde, die Leere, und *bohu* kommt auch noch einige Male, aber nur in Verbindung mit *tohu*, vor und ergänzt dann diesen Eindruck der leblosen Wüstenei. Damit haben wir aber immer noch nicht einen Zugang zum originären Verständnis dieser Ausdrükke, die nach wie vor umstritten sind.

Mir stellt sich *tohu*, aber auch *bohu* als eine Ausdrucksform dar, die aus der „Gelehrtensprache" der Priesterschrift stammt, so wie wir heutzutage in der Theologie auch immer wieder noch das Lateinische oder auch das Griechische verwenden. Der Gebrauch der altehrwürdigen Sprachen soll nicht zuletzt der Sakralsphäre ihre Achtung zukommen lassen.

Fremdwörter sind ja auch in unserer akademischen Umgangssprache fest etabliert. So hat man sich in Israel teilweise ausländischer Ausdrücke bedient, nicht zuletzt der alten ägyptischen Sprache, und so ist es gekommen, daß man einige Sprachelemente der religiösen Phraseologie Ägyptens übernommen hat, um sie auch in Israel zu beheimaten, und zu solchen Vorgängen gehört wahrscheinlich auch dieser Doppelausdruck, der die Fremdwörter *tohu* und *bohu* zu *Tohuwabohu* verbindet.

Das Wort *Tohu* hängt mit einem Verbum zusammen, das soviel wie „die Grenzen überschreiten" oder „danebentreten" bzw. „danebenzielen" bedeutet. Diese Bedeutung meint eine Art Widerspruch zu geordnetem, sinnvollem Verhalten, den Hang zur

Behinderung des Lebens, ja zur Zerstörung. Das Wort *Bohu* wird besonders zur Darstellung der kopflos fliehenden Feinde gebraucht, signaliert also ebenfalls eine ungeordnete Verfassung. So liegt es nahe, daß beide Wörter zusammengenommen noch massiver die Desorientierung und das Durcheinander zum Ausdruck bringen, ja Darstellung des Chaotischen vor Augen führen können. „Tohuwabohu" erinnert also wohl ursprünglich und eigentlich an die Umschreibung der totalen Orientierungslosigkeit, und zwar sehr existentiell empfunden, nicht etwa in einer nüchternen naturwissenschaftlichen Beschreibung, sondern so, wie Menschen, die — beispielsweise — in der Wüste umherirren, den Ausgangspunkt verloren haben und das Ziel nicht sehen, sich in einer solchen Orientierungslosigkeit befinden können. Das muß man wirklich aus der Erfahrungswelt heraus begreifen.

Wenn man dazu die mythologischen Aspekte bedenkt, die diesem Ausdruck innewohnen und die von Ägypten her übernommen sind, dann merkt man, daß hier eine „gebündelte" Ausdrucksweise vorliegt, um das totale „Chaos" als lebensfeindliche Wirklichkeit auszudrücken. Die Ikonographie kann sich dieser Vorstellung von der Überwindung des „Chaos" durch den Repräsentanten der Ordnung annehmen. Wenn der Pharao auf die Feinde zielt, bricht unter ihnen das „Chaos" aus, ein „Chaos", das so dargestellt wird, daß die Feinde „durcheinanderpurzeln", wie das an Tempelwänden immer wieder abgebildet wird. Die Fluchtbewegung, die ganz unkontrolliert „über die Bühne geht", ist ein Bild für die Unordnung überhaupt, der die gottgewollte Ordnung gegenübersteht. Der Pharao soll diese Ordnung in das Gefüge der Welt hineinbringen. Er richtet den Bogen auf die Feinde, die das Chaos symbolisieren, wobei der Bogen ein Symbol für Ordnungschaffen ist. Der Wunsch nach einer Überwindung des lebensgefährdenden Chaos ist auch in Palästina auf Amuletten dargestellt worden, wie das hier beigezogene Stück aus Südpalästina (Abb. 2, S. 78) bezeugt: Der Pharao zielt auf den Löwen als gefährlichen Repräsentanten der Wüste und damit symbolisch auf lebensfeindliche Wirklichkeit, um der Vegetation und der Vitalität, mithin der Schöpfung insgesamt ihr Recht zu erhalten. Das Lebensfeindliche muß getroffen werden, damit es ausgegrenzt und vernichtet wird. Wenn der Pharao nicht treffen, d.h. das „Böse" bezwingen würde, dann wäre er selber vom

„Chaos“ betroffen. Wer nicht trifft, der muß Hals über Kopf fliehen, verfällt also dem „Chaos“. Darum ist es wichtig, auf der Seite des lebenschaffenden und lebenerhaltenden Bezwingers des „Chaos“ zu stehen. Für Israel ist es ganz zweifellos der Gott des Uranfangs, dem die absolute Souveränität über das „Chaos“ eigen ist. Damit stehen wir bereits an der Schwelle der Deutung jener Instanz, die im Verlauf von V. 2 als „Ruach Gottes“ bezeichnet wird.

1.7 Das „schwarze Loch“

Der zweite Ausdruck, den wir auch noch kurz behandeln wollen, begegnet im zweiten Sätzchen des V. 2. „Finsternis“, so heißt es, war „über *Tehom*“. „Tehom“ ist der Ausdruck für die Urflut. Auch dieses Wort ist sehr schwer zu umschreiben: *Urtiefe* sagt man auch, oder gewöhnlich *Abgrund, Abgrundtiefe.* Natürlich ist das vom Sinn her verwandt mit *Tohuwabohu.* Es ist so — auch wieder existentiell gesprochen —, als stünde man vor einer großen Tiefe, vor einem Abgrund und würde unten nur etwas Wäßriges erkennen, oder man hätte einen tiefen See vor sich und wüßte nicht, wie man über dieses Gewässer hinwegkommt, oder es gäbe da ein „schwarzes Loch“ oder so etwas Ähnliches. Das sind Ausdrucksformen, die wir ja auch verwenden, um eben eine undurchdringliche Sphäre zu kennzeichnen, etwas, was sich den Begriffen und der Durchdringung total widersetzt. Vor einem solchen „Loch“ zu stehen, das ist auch existentiell eine große Herausforderung. Es ist diese chaotische Wirklichkeit also so beschrieben, als wenn sich am Anfang der Schöpfung eben ein tiefes und unübersteigbares, aller Schöpfung sich widersetzendes Loch aufgetan hätte, dieser Abgrund: *Tehom.* Man hat dieses Wort in Zusammenhang gebracht mit dem semitischen **tiham(at),* da meint es das Meer, die Meerestiefe. Man kann auch einschlägige Wörter aus dem Ägyptischen zum Sprachvergleich heranziehen und würde ebenfalls den semantischen Eindruck der Tiefe, der unüberschaubaren Tiefe entdecken, ein tiefes Loch also, das gewissermaßen irgendwo hineingeschlagen ist; auch eine tiefe Wunde kann so bezeichnet werden. Es ist anscheinend eine gemeinorientalische Grundidee, die dieser Vorstellungswelt der abgrundtiefen Wäßrigkeit und der unauslotbaren Region innewohnt.

Bevor wir uns dem dritten Sätzchen zuwenden, das im Zentrum unserer Primärüberlegungen zum „Geist Gottes“ steht, sei noch einmal der Blick auf die Kosmogonie als Ganzes geworfen.

Der dreistufige Schritt von der Vorwelt über den Lebensraum zur Lebenszeit ist also das ältere Modell. Das jüngere Modell, das wir in der Jetztfassung von Gen 1 vorfinden, setzt die Lichtschöpfung exemplarisch für alle Schöpfungswerke an den ersten Tag, geradezu programmatisch, so daß wir in den V. 3–5 das Programm der Priesterschrift, also der endgültigen Fassung, vor uns haben. Der Priesterschrift ging es in der Tat darum, dem Lichtgedanken, der Lichtvorstellung gegenüber der Finsternis noch viel mehr Raum zuzugestehen. Das liegt vielleicht an persischen Einflüssen, sicher aber auch daran, daß die Priesterschrift wegen ihrer Kultorientierung am Licht besonders interessiert war: Denken wir etwa an die ausführlichen Beschreibungen der Menora, des Leuchters im Tempel (vgl. Ex 25,31–40). Wie die Priesterschrift, so ist übrigens auch der Prophet Deuterojesaja an der Lichttheologie besonders interessiert gewesen. Dieser Prophet läßt sogar Licht und Finsternis von einunddemselben Gott geschaffen sein (Jes 45,7)!

1.8 ... flatterte über den Wassern

Unser Text, der dritte Kurzsatz in V. 2, geht mit dem als weiblich aufgefaßten Wort *Ruach* – wir behelfen uns in der Regel mit der Wiedergabe *Geist* – so um, daß man sofort merkt, daß hier eine bildliche Vorstellung gemeint ist. Diese „Ruach“ *flattert* über den Wassern. Dabei wird ein Partizip (hebr. *meraḥäpät*) verwendet; es handelt sich also um einen Partizipialsatz, der in der hebräischen Sprache einen relativen Zustand in der Zeit anzeigt. Die Übersetzungen bringen meist nicht das *Flattern* zum Ausdruck, sondern ein *Schweben.* Das verändert und sublimiert die natürliche Vorstellung etwas und nimmt das Mythologische heraus. Das ist schade. Man müßte hier diese drastische Vorstellung durchaus zur Geltung bringen, denn es geht in der Tat um das Bild eines flatternden Vogels.

Die Wortwurzel *RḤP* ist zunächst im Anschluß an die Übersetzungen der Septuaginta und der Vulgata gedeutet worden. Dabei mußte man aber eine gewisse Verlegenheit in Kauf nehmen, da offenbar die Übersetzungen selber nicht so recht orientiert waren, wie sie dieses Wort wiederzugeben hätten. „Epiferomenon" steht da in der Septuaginta, bezogen auf *pneuma theou,* eine Übersetzung also, die versucht, den schwebenden Charakter dieses Verweilens des Pneuma auszudrücken, vielleicht auch das Hinundherbewegen — aber das ist auch schon alles. Zu mehr vermochte man sich nicht durchzuringen. Mittlerweile hat sich aber die hebräische Basis auch im Nachbardialekt des Hebräischen, im Ugaritischen, wiedergefunden, und daraus geht dann noch deutlicher hervor, daß es sich um eine Bewegung handelt, wie sie einem Vogel eigentümlich ist. Auch im Alten Testament selbst können die sonstigen Belegstellen für die Basis *RḤP* darauf hindeuten, daß wir es mit der Bewegung eines Vogels zu tun haben, der seine Schwingen ausbreitet, um — in unserem Kontext — die Wassermassen am Überfluten zu hindern. Jüngere Übersetzungen unterstellen gelegentlich auch, daß es sich um eine Art Brüten handelt, das Ausbrüten eines Eies oder dergleichen, aber das ist unmittelbar noch nicht mitgemeint. Zumindest wird das nicht in der Substanz dieser Vokabel schon greifbar. Zunächst ist es das *Flattern,* das Ausbreiten der Schwingen über dem Abgrund beziehungsweise über dem „Chaos". Das ist also die Primärfunktion dieser *Ruach Elohim,* daß sie dem Chaos sozusagen Einhalt gebietet und dem Ausbruch der Wassermassen entgegenwirkt.

Über diese Wassermassen müssen wir uns natürlich auch unterhalten, denn das Wort *Wasser* steht ja in einer gewissen Konkurrenz zu dem Wort, das kurz davor genannt wird und das ich in seiner ursprünglichen Form hier einfach stehen ließ, *Tehom,* was man in der Regel mit *Urflut* und *Urwasser, Abgrund,* griechisch *abyssos,* wiedergibt. Was ist nun der Unterschied zwischen *abyssos — wäßriger Abgrund* — und den *Wassern?* Warum wählt man da unterschiedliche Bezeichnungen? Nun kann man sagen, das sei ein Parallelismus, und man könnte diese beiden Ausdrükke einfach synonym setzen, aber so einfach ist die Sachlage nicht. Das Wort *Tehom* ist tatsächlich dieser chaotische Urgrund, aber das „Urwasser" ist gewissermaßen ein „stilles Wasser". Stille Wasser können aber sehr gefährliche Wasser sein, wie das Sprichwort ja weiß. Und dieser Urgrund, dieser wäßrige Urgrund, ist eben das „schwarze Loch" als Inbegriff der Bedrohung. Die Wasser aber (hebräisch *mayim*), die nunmehr genannt werden, das sind die eigentlichen stürmischen, die aufgewühlten Meereswasser. Aufgewühlte Wasser, aufgepeitschte Wasser, brausende Wogen sind natürlich auf jeden Fall bedrohlich, und gerade die soll die *Ruach Elohim* überspannen und damit auch unter Kontrolle halten. So ähnlich würden wir also zunächst die Formulierung von dem „Flatterzustand" des „Geistes Gottes" als Ur-Vogel verstehen wollen.

1.9 Was heißt Ruach?

Es geht mir jetzt noch nicht darum, die Fülle der Belege im Alten Testament für *Ruach* überhaupt zu bedenken. Zunächst ist einmal von Interesse, wie *Ruach* von seiner Wortgestalt her verständlich wird. Das können wir genauso fragen, wie wir bei *Tohuwabohu* oder bei *Tehom* nach der Etymologie Ausschau gehalten haben. So sollten wir auch bei *Ruach* zunächst einmal herauszufinden suchen, wo dieses Wort eigentlich herkommt und wo es beheimatet ist.

Die hebräischen Lexika führen uns auf zwei Deutungsebenen. Die einen nennen uns diese Ebenen in einem krassen Unterschied voneinander; andere Lexika versuchen, eine Brücke zwischen diesen beiden Ebenen zu bauen. Das Nomen *Ruach* wird nach der einen These zurückgeführt auf einen Verbstamm, der *weit sein* bedeutet, *Ausdehnung aufweisen, geräumig sein.* Das ist ein durchaus attraktiver Gedanke, der gewissermaßen die Ubiquität dieser Wirklichkeit ausdrücken könnte, die Offenheit, Unbegrenztheit oder dergleichen. — Daneben gibt es noch eine andere Möglichkeit, *Ruach* abzuleiten, nämlich von einem Verbstamm, den man gelegentlich als ein Homonym, d. h. als gleichlautende Basis, einstuft, und der bedeutet *blasen, wehen,* auch *stürmen.* Wir müßten dann eine Bedeutung unterstellen, die tatsächlich mit der naturhaften Wirklichkeit des Windes zu tun hätte, des Sturmes, oder auch mit dem — wie Martin Buber das Wort wiedergibt — *Geistbraus:* also all das, was wir assoziieren, wenn wir an den Pfingstgeist denken und an das, was ja auch in der schon behandelten Pfingstsequenz zum Ausdruck kommt, also das stürmische Präsent-Sein, das Aufwühlen nach Art der Wirkung eines kräftig daherfahrenden Windes.

Das sind zwei Bedeutungsebenen: *weit sein, großräumig einen Raum schaffen* auf der einen Seite, auf der anderen Seite *blasen, stürmen, wehen.* Wie bekommen wir beides zusammen? Die jüngste Lexikographie meint, daß man doch damit rechnen müsse, daß es sich um eine einzige Wurzel handle, und diese eine Wurzel könne doch durchaus beide Perspektiven in sich bergen, nämlich das Raum-Schaffen wie auch das naturmächtige Sich-Bewegen des Windes und des Sturmes. Denn der Wind schafft sich Raum, wie er will. Er erobert gewissermaßen die Natur und setzt eigene Maßstäbe, was die Weite angeht. Er kennt keine Grenzen. Er überschreitet jede Barriere. Dieser Wind ist eigentlich raumfüllend. So hat man gemeint, beides könne man miteinander zusammenbringen. Allerdings ist das doch etwas künstlich, und ganz überzeugend ist dieser Zusammenhang nicht, so daß eigentlich immer noch die Frage offenbleibt: Ist *Ruach* überhaupt ein Wort, das man von einem dieser beiden bekannten Stämme ableiten kann, wie das in den Wörterbüchern vertreten wird?

Natürlich könnte man sich mit dieser Bedeutungslage zunächst einmal zufriedengeben und sagen: Gut, beide Aspekte können bedacht werden. Aber vielleicht werfen wir da zu schnell die Flinte ins Korn. Ich denke, man darf weiterschauen. Vielleicht sollte man auch in Rechnung stellen, daß dieses Wort *Ruach* im Hebräischen eben ein feminines Wort ist, allerdings nicht ausschließlich. Im Alten Testament wird *Ruach* zwar meist weiblich gebraucht, aber es gibt auch eine Reihe von Stellen, die es als männlich einstufen.

1.10 Der *oder* die?

Von der feministischen Theologie wird heutzutage das Wort *Ruach* gerne in Beschlag genommen, um von der „*Geistin*“ zu sprechen. Das ist auf den ersten Blick sicher sympathisch, aber es ist ein Problem, das wir von der Grammatik her sehen müssen: Wir können nicht einfach eine grammatikalische Kennzeichnung zu einer semantischen umfunktionieren. So können wir ja zum Beispiel auch nicht *den Wald* allein für männlich erklären oder *die Liebe* ausschließlich auf Frauen beziehen. „Männer lassen lieben" (oder so ähnlich) — das mag manchmal so sein, aber es geht ja auch wohl anders. Die Artikelvergabe *die* und *der* richtet sich nicht nach dem weiblichen oder männlichen Charakter eines Wortes. Wir müssen die Bedeutung unbedingt von dem grammatischen Genus unterscheiden. Trotzdem sollten wir den Gedanken einmal im Auge behalten, warum *Ruach* mehrheitlich feminin gebraucht wird.

Es gibt nun in der Tat eine — allerdings ganz andere — Brücke, die hinüberführt zu einer weiblichen Grundidee hinter *Ruach,* aber die ist dann nicht grammatikalisch begründbar, sondern da muß man sich in der Religionsgeschichte umsehen und daran denken, daß die Weisheit in der ägyptischen Mythologie eine Göttin darstellt und daß die *Maat* — so nennen die Ägypter diese Göttin — als Tochter des Sonnengottes verehrt wird. Wenn wir das assoziieren, haben wir natürlich einen anderen Zugang, aber der läuft dann nicht über die grammatikalische Bestimmung des Geschlechtes oder die Auswertung der syntaktischen Möglichkeiten, sondern da beschreiten wir andere Wege. Das will ich hier zumindest schon einmal andeuten.

1.11 Ruach — ein Fremdwort in der Bibel?

Ruach könnte eventuell genauso wie die anderen Wörter, die zuvor erwähnt werden — *Tehom* und *Tohuwabohu* —, noch eine Assoziation haben, die bisher in den Wörterbüchern überhaupt nicht beachtet worden ist. Vielleicht besteht eine Verbindung zu dem ägyptischen Verbum *rḫ,* das möglicherweise auch im Orient — nicht nur in Ägypten, sondern auch ausstrahlend nach Palästina — eine Rolle gespielt hat. Dieses Verbum heißt *wissen, kennen,* auch *zeugen,* so wie das hebräische Verbum *yada*ᶜ auch *wissen* und *erkennen* im geschlechtlichen Sinne bedeutet. Es ist ein Wort, das sehr weit verbreitet ist und dessen wirkliche Bedeutungstiefe wir nicht genug einschätzen können, ein Verbum, das bis in das dritte Jahrtausend v. Chr. zurückverfolgt werden kann als die Ausdrucksform des Wissens und Vermögens überhaupt, als die geheimnisvolle Substanz des umfassenden Wissens. Möglicherweise muß man also auch diese alte Wurzel in Rechnung stellen.

Ich weiß sehr wohl, daß das ein recht kühnes Unterfangen ist, weil diese Beziehung in den Wörterbüchern bisher nicht zum Ausdruck kommt, aber ich halte sie zunehmend für diskutabel. Ich würde also nicht mehr manchen Wörterbüchern nachgeben und sagen, *Ruach* sei ein „Primärnomen" — das heißt also, es sei gar nicht weiter ableitbar —, sondern ich möchte vorschlagen, das Wort *Ruach* mit dieser uralten Basis *rḫ* im Sinne von *wissen, vermögen, kennen* zusammenzubringen. *Ruach* wäre dementsprechend das tiefgreifende schöpferische Wissen, also eine Umschreibung für das, was in der innergöttlichen Wirklichkeit und Dynamik geschieht und was mit der geheimnisvollen Verborgenheit Gottes zu tun hat.

Um es noch einmal kurz zusammenzufassen: Die gegenwärtige Meinung ist die, daß man *Ruach* vielleicht mit *weit sein* oder aber mit *stürmen, wehen* verbinden könne, wobei das jüngste Wörterbuch einen Brückenschlag versucht, auf der anderen Seite aber auch der Meinung Ausdruck gibt, daß *Ruach* vielleicht ein Primärnomen sei, also gar nicht mehr ableitbar. Hier sei dagegen noch mit einer weiteren Alternative operiert, die *Ruach* als Fremdwort mit der Sinndimension des Allwissenden zu deuten versucht. Ein bezeichnender Name unter den vielsagenden ägyptischen Personennamen lautet *Rechmire,* das heißt: *Wissend wie Re,* also wie der höchste Gott! Das ist schon eine unvergleichliche Qualifikation, wenn jemandem ein solches Wissen zugesprochen wird! Daß darüber hinaus der göttliche Geist selbst zutiefst ein allwissender ist, macht zugleich das Geheimnis der Schöpfungsplanung aus.

1.12 Ruach Elohim

Nun kommt noch etwas Weiteres hinzu. *Ruach* steht ja nicht für sich, sondern es heißt: *Ruach Elohim. Ruach* ist hier also nicht ein selbständiges Nomen wie *Tehom* oder *Tohuwabohu,* sondern wir haben an dieser Stelle ein Genitivattribut: *Elohim,* „Gottes". Auch darüber hat man sich seit Jahrhunderten unendlich viele

Gedanken gemacht. In welcher Beziehung steht dieses Attribut zu V.1, den man jetzt als sogenannte Einleitungsformulierung erkannt hat, wo doch nur von „Gott" – *Elohim* – gesprochen wird? Was soll jetzt auf einmal *Ruach Elohim* als eigene Größe? Auch das ist natürlich ein Argument, das die Einheitlichkeit des Textes infrage stellen könnte. Ich habe diese Spannung zunächst nicht eigens zur Sprache gebracht, aber sie könnte durchaus geeignet sein, die Unterscheidung zwischen einer Erst- und Zweitfassung weiter zu stützen.

Teilweise hat man *Ruach Elohim* als eine Art Superlativ aufgefaßt, wenn man etwa sagt: Das ist der „Geist" schlechthin. Das ist das Allerhöchste, was es gibt; das ist der tiefste und umfassendste Begriff von *Ruach,* den man haben kann; das ist eben *Ruach Elohim.* – Andere haben die Meinung vertreten, daß *Ruach* vielleicht doch auch von Haus aus eine eigenständige Größe sei. Nur wäre in diesem Fall — von israelitischer Seite — eine Beziehung zu *Elohim,* dem Gott Israels, hergestellt worden, so daß für den Leser von vornherein klar wäre: Hier geht es nicht um irgendeine eigenständige Instanz vor Raum und Zeit, eine Instanz, die vielleicht auch noch selbst dem Chaos verhaftet ist, die dessen Verborgenheit und Rätselhaftigkeit zum Ausdruck bringt, sondern es ist eben schon der Geist des Schöpfergottes gemeint, der keine selbständige Größe mehr darstellt, sondern nur einen Aspekt dieses Gottes verbildlicht.

Um nun den eigentlichen und wirksamen Hintergrund von Wortwahl und Bildgestalt aufzuhellen, ist es sinnvoll, gerade hier mit den religionsgeschichtlichen Vergleichen einzusetzen.

2. Kosmogonische Bilder in Ägypten

2.1 Die vier Urgötterpaare des Chaos

Wir wollen versuchen, diesen „Geist Gottes“ der biblischen Kosmogonie einmal in Relation zu stellen zu Texten, die uns von außerhalb Israels zugekommen sind und die eine ähnliche Grundstruktur offenbaren, wie sie in unserem biblischen Text zur Geltung kommt, also die Abfolge: Chaos — Raum — Zeit. Als „Kronzeugen“ für eine tiefgreifende Einsicht in die ägyptischen Kosmogonien möchte ich einen der führenden Religionsgeschichtler unserer Tage, Jan Assmann, benennen. Assmann konstatiert, daß die ägyptischen Kosmogonien, wo auch immer sie geschaffen sind, in einer zentralen Sache konvergieren, nämlich darin, daß sie einen Ablauf kennen von Chaos am Anfang, Schöpfung des Raums und anschließend Schöpfung der Zeit. Der Hochgott durchläuft diese Phasen in „Transformationen“ bis zu seiner transzendenten Position. Erst nachdem diese drei Phasen durchlaufen sind, kann es zur Verwirklichung des Menschen, besonders in seiner exemplarischen Gestalt, d. h. in der des Königs als des „Sohnes“ der höchsten Gottheit, kommen. Schon diese erste Zurkenntnisnahme zeigt, daß die Welt- und Lebensentstehung ähnlich gesehen wird wie in der Urfassung unseres Textes in Gen 1.

„Transformationen“

Ich will die vergleichbare Abfolge anhand der folgenden Übersicht verdeutlichen:

1. *Urgötter (vier Urgötterpaare von Hermupolis) Personifikationen des Chaos.*	***Chaos***
2. *„Erste Transformation“: der „Urhügel“, genannt Ptah-Tatenen, hervorgegangen aus den Urgöttern.*	***Raum***
3. *„Zweite Transformation“: die Sonne, Ursprung der Zeit und des Lichts.*	***Zeit***

Die ägyptischen Kosmogonien, Lehren also von der Schöpfung, sind an zentralen Kultorten in Ägypten entwickelt worden, zum Beispiel in dem alten Zentrum des ägyptischen Sonnenkults Heliopolis oder in der benachbarten alten Reichsmetropole Memphis oder auch im mittelägyptischen Wallfahrtsort Hermupolis. Diese drei wohl berühmtesten Kult- und Wallfahrtsorte Ägyptens haben also jeweils eine genuine Kosmogonie entwickelt, und diese Lehren sind dann im Zuge der Nationalisierung Ägyptens und der Zusammenführung ober- und unterägyptischer Traditionen in Theben als der Hauptstadt des Neuen Reiches zu einem Ganzen gewissermaßen verschmolzen worden. Man hat versucht, sozusagen eine Gesamtsicht der Weltentstehungslehren zu geben, ohne freilich eine homogene Systematisierung oder Vereinheitlichung erzielen zu wollen.

Ur-Götter

Am Anfang geht es um die Schilderung des Chaos, die am deutlichsten in der Kosmogonie von Hermupolis ausfällt, da hier die Chaosphänomene in göttlichen Gestalten personifiziert werden, und zwar erstens in der Gottheit der Urflut, *Nun,* zweitens in der Gottheit der Finsternis, *Keku,* drittens in der Gottheit der aggressiven Grenzüberschreitung, *Ḥeḥ,* und viertens in der Gottheit der Verborgenheit, Unsichtbarkeit und Unfaßbarkeit, *Amun.* Es treten also vier Götter nebst ihren göttlichen Begleiterinnen auf. Der Ägypter hat die Gottheiten nicht mit einer exklusiven Geschlechtsidentität bedacht. Wenn er von einem Gott sprach, hat er selbstverständlich auch die benachbarte Göttin im Blick gehabt, und so müssen wir auch bei den „Urgöttern“ Paare erkennen und benennen, vier Urgötterpaare, also ein Urgötterpaar der Urflut, *Nun/Naunet,* ein Urgötterpaar der Finsternis,

Keku/Kekuit, ein Urgötterpaar der Uferlosigkeit, *Ḥeḥ/Ḥeḥet,* und ein Urgötterpaar der Unsichtbarkeit, der Verborgenheit, *Amun/Amaunet.*

Uns mag schon jetzt in den Sinn kommen, daß diese vier Urgötterpaare in Gen 1,2 eine gewisse Entsprechung haben. Da ist einmal die Urflut. In der Bibel steht zwar nicht mehr, daß das ein Urgötterpaar ist — das kann man sich im monotheistischen Israel nicht mehr erlauben, aber es ist eben das gleiche vorweltliche Phänomen. Auch die Finsternis wird genannt, die über dieser Urflut ist. Auch sie ist eine vorgegebene Wirklichkeit, ohne in Israel göttlicher Natur zu sein. Die uferlose Gewalt ist möglicherweise mit den stürmischen Wassern gemeint, wenn auch hier noch Klärungsbedarf besteht. Aber relativ eindeutig wird es wieder beim *Geist Gottes.* Die Gottheit der Verborgenheit in Ägypten, die Gottheit der rätselhaften Wirklichkeit, die die Ägypter mit dem Namen *Amun/Amaunet* belegt haben, die steht nämlich als viertes Urgötterpaar im Hintergrund von Gen 1,2. Aber hier sind das nicht mehr Götter, sondern einfach Phänomene der chaotischen Vorwelt, denen der eine und einzige Gott Israels gegenübersteht. Nur bei dem Ausdruck *Ruach Elohim* wird die göttliche Beziehung greifbar, so daß hier im Vergleich mit *Amun/Amaunet* die „göttliche Tradition" durchscheint. Während in Ägypten also die chaotische Vorwelt durch vier Urgötterpaare charakterisiert wird, wird sie in Gen 1,2 durch vier Phänomene des „Chaos" aufgegliedert, von denen das interessanteste Phänomen natürlich diese Verborgenheit, diese Rätselhaftigkeit ist, die sich in der *Ruach Elohim* manifestiert.

Das bedeutet aber, daß der *Geist Gottes* zum Chaos dazugehört. Er hat mit dem Chaos eine geheimnisvolle Liaison. Darum wußten schon die Ägypter, darum wußte auch wohl noch der Autor der Erstlingsfassung des Schöpfungstextes. Der göttliche Geist steht allerdings an der Schwelle zur lebensbejahenden Welt. Er ist drauf und dran, sich von dem Chaotischen abzuwenden und sich zu „emanzipieren". Aber er kennt das Chaotische wie niemand sonst. Man könnte das vielleicht so ausdrücken — und so haben es auch die Ägypter gesehen, indem sie den Aufstieg ihres Gottes Amun von der Chaoszugehörigkeit zum Gott aller Götter beschrieben haben —, daß diese *Ruach Elohim* für die Verborgenheit Gottes steht, die Rätselhaftigkeit, die jedem Menschen zu schaffen macht, die aber ihre Wurzel in der göttlichen Wirklichkeit selber hat, von der sich der zu seiner vollen Macht erhebende Gott allerdings — nach ägyptischer Vorstellung — zunehmend distanziert, so daß er seiner chaotischen „Heimat" gewissermaßen entwächst. Diese Perspektiven ermutigen und legitimieren unseren Versuch, dem Vorstellungsgut um den „Geist-Gott" Amun noch eigens nachzugehen.

Urzeit und Nachtzeit

Es sind sehr tiefgreifende, allerdings nur scheinbar komplizierte Vorstellungen, die von einem allmählichen Aufstieg Gottes aus der Verbindung mit der chaotischen Vorwelt hin zu einer „Hochposition" sprechen, ist es doch immer wieder staunenswert, wie die Sonne tagsüber am Himmel steht, wo sie doch in der Nacht nicht sichtbar ist und im Dunkeln verbleibt. Wir sollten stets diesen bildlichen Hintergrund bedenken. Es ist für die alten Ägypter und überhaupt für die Orientalen ein täglich erfahrenes Geschehen, mit ganz anderer Intensität erlebt, daß die Sonne aufgeht, nachdem sie die ganze Nacht in der Finsternis war. Sie kommt also augenscheinlich aus der Tiefe, sie kommt aus dem Chaos der Finsternis, und sie steigt empor bis zur Spitze des Himmels, um dann wieder unterzugehen und hinabzutauchen in die chaotische Finsternis. Das heißt, sie vollzieht in der Tat immer wieder eine Loslösung von der chaotischen Welt, ohne auf absolute Dauer von ihr loszukommen. Das — übertragen auf die Vorstellung von Chaos, Raum und Zeit — ergibt einen nachvollziehbaren Prozeß. Man kann sich das immer wieder klarmachen, wenn man sich diesen Grundvorgang, den die Menschen täglich vor Augen hatten, vergegenwärtigt. Die Nacht, die Finsternis steht für das Chaos, das Aufgehen der Sonne mit den ersten Strahlen über die Erde hin ist so etwas wie ein ausleuchtendes, Raum schaffendes Geschehen, und dadurch daß die Sonne über den Himmel „fährt", werden die Zeiteinheiten des Tages geschaffen und die Tage von den Nächten getrennt.

So wird sozusagen im Blick auf das, was draußen geschieht, immer wieder dieser hintergründige Ablauf: Chaos — Raum — Zeit vergegenwärtigt. Dieser Prozeß wird übertragen in die Grundkonzeption einer Vorstellung davon, wie Schöpfung überhaupt geworden ist. Was man alltäglich erfährt, ist ein Bild für das, wie es grundsätzlich — vor aller Zeit — in der Erstschöpfung vor sich gegangen ist. Jeder Tag ist dazu eine Art Neuschöpfung, an dem sich immer wieder ereignet, was grundsätzlich charakteristisch ist für das Schöpfungsgeschehen. Das spiegelt sich auch noch in Gen 1 wider, zum mindesten in der Erstfassung des Textes, nur daß dort nicht mehr von einem allmählichen Aufstieg Gottes die Rede ist, sondern der Leser und Hörer schon damit vertraut gemacht wird, daß der biblische Gott an sich oder für sich kein Werden, keinen Prozeß nötig hat, sondern daß er von vornherein souverän genug ist, um sowohl das von Anfang an Souverän-Sein darzustellen wie auch das Werden. Gott ist beides zusammen. Er ist ewiges Sein und Werden, auch wenn das nicht so ohne weiteres in den Kopf hineingeht. Also: ewiges Sein und Werden. Die Letztfassung der Priesterschrift drückt das einfach dadurch aus, daß sie den *Elohim* im ersten Vers als den souveränen Schöpfer nennt und trotzdem zugesteht, daß sich in diesem Gott auch ein Werden vollzieht, indem er Zug um Zug eben die Schöpfung realisiert und dabei selber in seiner Machtausweitung ein ansehnliches Wachstum vollzieht. Beides ist also darin — das souveräne Sein wie das dynamische Werden Gottes. Diese durchaus schwierigen Konstellationen haben die Alten versucht in Bildern auszudrücken, deren Aussage sich natürlich nicht leicht in dogmatische Lehrsätze einbinden läßt. In solchen heterogenen und dialektischen Weisen sich den Ablauf des Weltgeschehens vorzustellen: Das ist für uns sicher nicht so leicht nachvollziehbar.

Urhügel und Ptah

Nun aber noch einiges zur Ergänzung und zur Erklärung der weiteren Vorgänge. Nachdem das Chaos sich am Anfang in Personifikationen dargestellt und der Gott Amun sich allmählich emanzipiert hat — nach ägyptischer Vorstellung als Gott der Verborgenheit, aber auch als Gott der Kompetenz für alles, was sich bewegt (er ist der Beweger schlechthin!) —, kann er sich entfernen von den chaotischen Zuständen, und er kann in die Wirklichkeit hineinreden, er kann sich „stabilisieren", könnte man sagen. Er bleibt nicht der ruhelos „hin und her flatternde" Gott, sondern er kann sich einen Ruheplatz schaffen. Dieser Ruheplatz ist der *Urhügel,* der aus dem chaotischen Urgewässer wie eine Insel emportaucht, so wie bei einem Vulkanausbruch ja auch solche Inseln mitten im Meer entstehen können. So — hat man sich gedacht —, so ist auch die Schöpfung, der Raum geworden, daß auf einmal — in einer eruptiven Weise gewissermaßen — Boden da ist, auf dem sich dann Leben entwickeln kann. Der Gott Amun ist also kompetent dafür, daß dieser „Überschritt" von dem Chaos hin zu einem stabilisierenden Raum geschieht.

Ihm korrespondiert ein Gott, den die Theologen der Kultstadt Memphis profiliert haben, mit dem Namen *Ptah,* d. h. der „Bildner", der für diesen Vorgang des Heraushebens des Raumes oder der Insel aus dem Wasser in besonderem Maße zuständig ist. Dieser Gott Ptah, von dem die Ägypter sogar sagen konnten, daß er durch das Wort schafft, versteht es, den Raum im einzelnen zu definieren und abzugrenzen. Er ist derjenige, der diesen Trennungsstrich zum Chaos deutlich markiert. Er schafft gewissermaßen den Lebensraum, in dem dann die Pflanzen wachsen und die Tiere sich bewegen können. Deswegen hat er auch den Beinamen *Tatenen,* der vielleicht die Bedeutung „der die Erde erhebt" trägt.

Re am Mittag

Dann kommt — nach den ägyptischen Kosmogonien — als dritter Schritt die Schöpfung der Zeit, und zwar so, daß jetzt erst die Gottheit der Sonne „zu sich selber kommt", gewissermaßen am Zenit steht, und da werden die Zeit und die Tagesabläufe, das Licht des Tages und das Licht in seiner vollsten Ausprägung, die Mittagshitze, geschaffen. Das ist etwas, was erst nach der Bildung des Raumes geschieht. Aber der eigentliche Motor dieser ganzen Entwicklung ist der *Geist Gottes,* der ermöglicht, daß es zur Raumschöpfung kommt, daß das Chaos ausgegrenzt wird. Es wird nicht etwa vernichtet, aber es wird ausgegrenzt und von der Lebenszone ferngehalten. *Vor-Welt – Lebensraum – Lebenszeit:* Das ist das, was die ägyptische Kosmogonie charakterisiert, die auch in der hebräischen Fassung in Gen 1 ihre Nachwirkung hat.

2.2 *Eine exemplarische Illustration*

Ich möchte diese schwierigen Vorstellungen mit Hilfe eines Bildes aus Ägypten veranschaulichen. Eine Demonstration dient

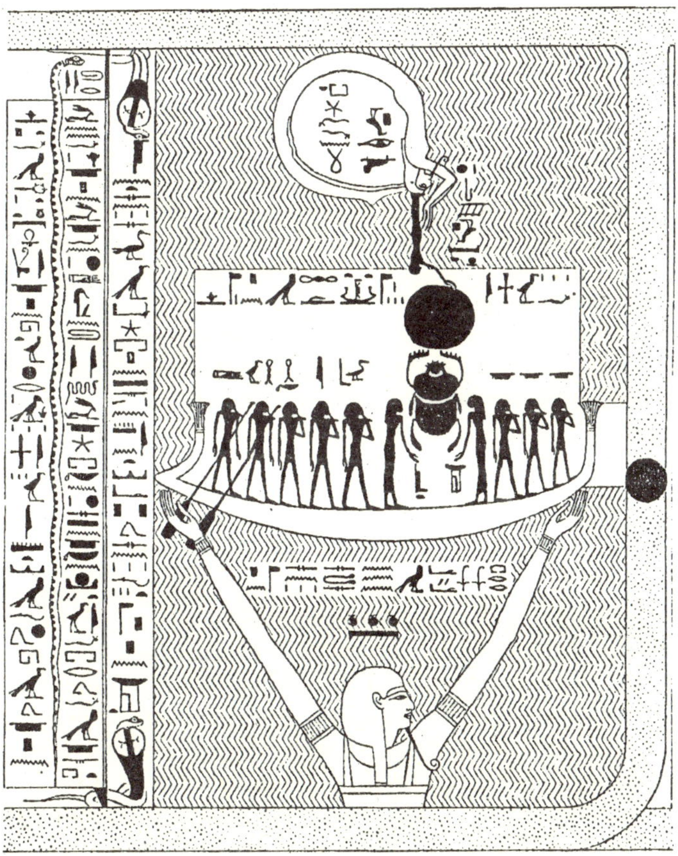

1

der plausiblen Verankerung der Rede vom „Geist Gottes“ im altägyptischen Mythos, und zwar im besonderen Hinblick auf die Art und Weise, wie man vom Werden des Kosmos spricht. Die grundsätzliche Einsicht, daß der „Geist Gottes“ an der Nahtstelle zwischen Chaos und Lebensraum seinen Platz hat und daß ohne sein Wirken, sein Eingreifen das Werden von Raum und Zeit nicht denkbar ist, ist zwar biblisch bezeugt, hier aber bereits rezipiert worden. In breitangelegter Weise — vielfältig variiert in Texten und Bildern — erscheint die Abfolge Chaos-Raum-Zeit in der jahrtausendealten Kultur der Ägypter. Da erkennen wir die großartige Illustration des Nacheinander: chaotischer Urzustand — Schaffung des Raumes — Schaffung der Zeit.

Blick in die Unterwelt

Eine sprechende Szene (Abb. 1, S. 67) stammt aus dem ikonographisch besonders reichhaltigen Bereich der sogenannten Totenliteratur. Uns interessiert in diesem Zusammenhang nicht primär, daß die Darstellung als eine Kombination aus Text und Bild heute noch in Ägypten, im Tempelbereich von Abydos, betrachtet werden kann. Wichtiger ist, daß es sich um einen Bestandteil des sogenannten *Pfortenbuches* handelt, das ein Teil der ägyptischen Unterweltsliteratur ist. Die Ägypter haben bekanntlich für das Leben nach dem Tode ein spezielles Spektrum an Texten entwickelt, mit deren Hilfe sich der Tote für das Leben nach dem Tode ausstatten und sich des richtigen Verhaltens vergewissern konnte. Er mußte diese Texte lesen und beherrschen, um damit eine gewisse Sicherheit für das Leben nach dem Tode zu haben. Diese Texte — einschließlich der begleitenden Darstellungen — sind teilweise außerordentlich schwer zu deuten und zu verstehen.

Die hieroglyphischen Texte brauchen uns hier nicht zu beschäftigen, obwohl das auch ein reizvolles Gebiet ist, den Text mit der Darstellung zu vergleichen, wobei die Ergebnisse nicht immer deckungsgleich sind: Der Text hat seine eigene Dimension, und die Bilder haben wiederum ihren eigenen Aussagewert.

Unten sehen wir eine Gestalt, die nicht durch typische Merkmale als eine bestimmte Gottheit ausgewiesen ist. Sie hebt mit ihren Armen eine Barke empor, auf der sich mehrere Gestalten befinden. Mit dem Unterkörper steht die Gottheit gewissermaßen in einer Wasserfläche. Diese Wasserfläche dehnt sich über das ganze Bild aus — eine aspektivische Sichtweise, die also nicht unserer Art und Weise, Verhältnisse darzustellen, entspricht. In aspektivischer Sichtweise kommt es auf das an, was man herauszustellen bestrebt ist, und da kann man natürlich die Verhältnisse ganz anders zeichnen als bei einer perspektivischen Sichtweise. Die Flut, die auf die ganze Fläche verteilt ist, ist nichts anderes als die Urflut, die in der ägyptischen Sprache den Namen *Nun* trägt. Diese Bezeichnung, die als Kennzeichnung der chaotischen Urflut gilt, ist abgeleitet von einem Wort, das *träge sein* bedeutet, so daß die Urflut zunächst als etwas in sich Ruhendes gedacht wird, das aber nicht ungefährlich ist, wie „stille Wasser" — aufgrund von Untiefen zum Beispiel — ja auch nicht ungefährlich sind.

Diese Gestalt ist also ein Repräsentant oder eine Repräsentantin — beide Geschlechter fließen zusammen bei Nun, Naunet heißt die weibliche Form — dieses Chaos, sie ist eine der Urgottheiten. Allerdings ist sie nicht mehr eine Urgottheit, die ausschließlich die chaotische, orientierungslose Situation widerspiegelt, denn sie wird ja als eine aktive Gottheit dargestellt, die die Arme erhebt und das Schiff aus dem Wasser emporhält. Dies Vermögen kennzeichnet diese Gottheit schon als eine „fortgeschrittene" Urgottheit. Das ist nicht mehr nur die träge Nun-Gottheit, sondern in ihr verkörpert sich schon der Schritt, von dem wir gesagt haben, daß er allmählich aus dem Chaos herausführt. Aber das sollten wir zunächst festhalten, daß die Urflut das Chaos symbolisiert, das sich sozusagen als Grundtatsache in der ägyptischen Vorstellungswelt ergibt, als Anfang des kosmogonischen Geschehens. Die Beischrift übrigens kennzeichnet diese Gottheit ausdrücklich als Nun; im Bild ist sie jedoch schon als eine Gottheit dargestellt, die sich allmählich dem Urflutgeschehen entfremdet, indem sie aktiv wird und die Barke in die Höhe hebt.

Die Ägypter haben immer wieder die Barke, das Nilschiff, verwendet, um Bewegungsabläufe im Mythos und zugleich Stätten der Sicherung zu symbolisieren: ein Schiff über der Wasserflut, eine Art Lebenszone, ein Bereich, wo man die Gefährlichkeit der Wassermassen aushalten kann, eine „Arche". Dieses Bild ist dann auch in das kosmische Urgeschehen übertragen worden. Das Schiff symbolisiert also eine Art „Arche", die es ermöglicht, oberhalb der Urflut zu leben und zu überleben.

Und wer befindet sich nun auf dieser Barke, in dieser „Arche"? Es sind zunächst einmal eine Reihe nicht näher gekennzeichneter, schemenhafter Figuren. Diese Schemenhaftigkeit hängt damit zusammen, daß der Ägypter in der Unterweltsliteratur nur mit größter Vorsicht von den Göttern hat sprechen können und sie nicht einfach so darstellt, wie er es etwa bei den Göttern tut, die seinen Tagesablauf charakterisieren und die er ansonsten im täglichen Kult verehrt, in Menschen- oder Tiergestalt. Eine solche Schemenhaftigkeit ist sozusagen der Ausdruck der Ehrfurcht vor der geheimnisvollen Wirklichkeit dieser Götterwelt. Diese im einzelnen zu charakterisieren ist natürlich sehr schwierig, aber zweierlei will ich doch hervorheben.

Da ist zunächst einmal *Geb,* die Gottheit der Erde; der Name ist über der zweiten Gestalt links vom Skarabäus in Hieroglyphen angegeben. Wir können daraus entnehmen, daß zu dieser Barke als der mythologischen Vergegenwärtigung des Raums gerade auch die Erde gehört. Sie ist als die Zone gefaßt, die sich oberhalb der chaotischen Urflut befindet und sozusagen als Ruhepol und als lebensfördernder, lebensichernder Bereich zu verstehen ist.

Wir können hier ohne weiteres die biblische Flutgeschichte als Entsprechung heranziehen, die Flutgeschichte der Priesterschrift. Auch da haben wir ja die gewaltige Wasserflut, und aus dieser Wassserflut hebt sich die Arche als Bereich heraus, wo das Leben bewahrt wird. Die hier nicht näher ins Auge gefaßte Urfassung der priesterschriftlichen Flutgeschichte in Gen 6–9 steht in Korrespondenz zu der ersten Kosmogonie in Gen 1. Nachdem ein *chaotischer* Zustand in Gestalt der gewalttätigen Auseinandersetzungen der Menschen ausgebrochen ist, wird die Arche als *Le-*

benszone gegenüber der allumfassenden Flut eingeführt und wird schließlich ein Bundesverhältnis begründet, das die neue *Lebenszeit* bedingt. Das ist durchaus ein paralleler Vorgang.

Käfer und Sonnenlauf

Am meisten ins Auge fällt auf unserem Bild natürlich der Käfer, der Skarabäus, und darüber die Sonnenscheibe. Das ist das Entscheidende auf dieser Szene, daß die Sonnenscheibe von dem Käfer bewegt, über den Himmel „geschoben" wird. Das ist natürlich nur eine bildliche Vorstellung. Der Käfer bedeutet soviel wie *Werden, Entstehen, Erscheinen,* und damit ist die Idee verbunden, daß die Sonne von Beginn ihrer Erscheinung an den Tag über bewegt wird. Der Käfer ist ein Bild für den „Motor", den die Sonne bei sich hat, um über den Himmel zu „fahren". Das ist symbolisch durch den Käfer ausgedrückt, der so mit Vorstellungen von Lebendigkeit und Ewigkeit und Regeneration zu tun hat. Er ist in Ägypten eines der vielen Symbole für Auferstehung. Etwas abgehoben von den anderen Gottheiten steht damit die Sonne mit ihrer Antriebskraft vor uns. Auch sie wird aus der Urflut herausgebracht, um dann ihren Weg über den Himmel anzutreten. Daß sie nicht auf der Erde verbleibt, wird durch ihre erhöhte Position ausgedrückt. Sie bleibt nicht auf der gleichen Ebene wie die Erde, sondern sie fährt über den Himmel.

Damit ist natürlich ein weiteres Stadium angezeigt: Die Sonne beginnt ihren Tageslauf und leitet damit auch schon hinüber zu der dritten Sphäre, nämlich zu der Zeit. In dem Moment, wo die Sonne aufgeht, um die Mittagshöhe zu erreichen und dann dem Abend zuzustreben, wird ja die Zeit konstituiert, der Tagesablauf, und die Scheidung von Tag und Nacht wird ermöglicht. Es wird gewissermaßen der Ablauf des Tages abgesteckt und die gültige Zeiteinheit markiert. Der Sonnengott setzt sich auch dieser „Transformation" aus. Dabei herrscht die Überzeugung vor, daß der Urgott, der Sonnengott, selber ein Werdender ist und auch als solcher immer verstanden werden soll. Zugleich ist er aber „Herr allen Werdens", wie ein prominenter Titel sagt. Er kommt aus der Urflut hervor und fährt dann in der Barke über den Himmel, wobei die Vorstellung zu Hilfe genommen wird, daß der Käfer ihn schiebt, bis der Abend ihn aufnimmt.

Der Zyklus

Am Abend wird die Sonne von der Unterwelt empfangen, und zwar, wie unsere Illustration lehrt, zunächst von einer gegenständig dargestellten Figur, also einer Figur, die auf dem Kopf steht. Das ist hier die Himmelsgottheit *Nut.* Diese empfängt die Sonne und reicht sie weiter in den Bereich der Unterwelt. Dort wird sie von dem Gott *Osiris* übernommen, der in diesem Fall als kreisrunde Gestalt wiedergegeben ist. Osiris ist danach der Gott, der das zyklische Werden, das Auf und Ab, Leben und Tod, Sterben und Auferstehung zum Ausdruck bringt. Daß er die ständige Wiederholung des Zyklus verbürgt, wird hier eben dadurch ausgedrückt, daß sein Körper einen in sich geschlossenen Kreis bildet. Der Sonnengott wird nun gewissermaßen mit Osiris zusammengeführt, ja in eins gesetzt, so daß der ganze Prozeß jetzt wieder von vorne beginnt. Jeden Tag – um es ganz einfach zu sagen – steigt die Sonne aus der Dunkelheit empor, fährt über den Himmel und versinkt abends wieder im Westen im Schoße der Nacht, um die Fahrt am anderen Tag aufs neue anzutreten. Hier ist immer wieder ein Werden assoziiert. Jeden Tag wird die Sonne – als Symbol des höchsten Gottes – aufs neue geboren. Das ist also ein immerwährender Neuschöpfungsprozeß.

Und der „Geist"?

Wo aber ist auf diesem Bild eigentlich der Ort des verborgenen Gottes, des ägyptischen Pneuma?

Wenn wir nach Ort und Identität dieses „Geistes" fragen, müssen wir bedenken, daß auch die Ägypter die ihnen bewußte rätselhafte, geheimnisvolle Wirklichkeit am Anfang der Dinge nicht unmittelbar ins Bild setzen konnten. Die sich aus der imaginären Tiefe erhebende Gottheit jedoch verkörpert gerade die unsichtbaren Kräfte, indem sie den beharrenden Kräften der trägen Urwasser entwächst, um ihrerseits die Erdbarke emporzuheben und so den Weg in eine Zone der räumlichen Ruhe anzuzeigen, so daß überhaupt erst Leben ermöglicht wird. Dieser Impuls, dieser Wille, das Chaos gleichsam „hinter sich zu lassen", ist in dieser Gottheit verborgen. Also müssen wir den „Geist Gottes" in der Gestalt suchen, die hier noch als Nun, also als Urgottheit, bezeichnet ist, aber doch die ansonsten für Nun typische Trägheit aufgibt, statt dessen aus der chaotischen Sphäre die Barke hervorhebt. Eine solche Bewegung, dieses Erhebenkönnen als ein rätselhaftes, verborgenes Vermögen, aus der trägen Urflut, aus den chaotischen „stillen Wassern“ herauszusteigen und eine Zone des Lebens zu schaffen: Das ist für den Ägypter die Kraft des göttlichen Geistes. Der Gestus des „Erhebens der Hände“ ist ohnehin eine symbolträchtige Grundhaltung in der ägyptischen Gebärdensprache, da sie auch sonst die Sicherung des Lebensraumes andeutet.

3. Bilder von Amun

3.1 Amun-Ptah-Re

Der Gott *Amun*, nach der hermupolitanischen Theologie zu den chaotischen Urgöttern als „eine Hypostase ihrer Einheit“ (Assmann) gehörig, ist die eigentliche Personifikation der unsichtbaren und unauslotbaren Wirklichkeit. In der Religionsgeschichte Ägyptens steigt er in geheimnisvollen „Transformationen“ aus der Tiefe der Unterwelt auf, um schließlich an der Spitze der Oberwelt Regie zu führen, ohne je sichtbar zu werden.

Amun stößt mit der ihm innewohnenden „verdeckten“ Strategie in einen Raum vor, wo er die Garantie für werdendes Leben übernimmt. Die Gestaltung dieses Raumes wird der Initiative eines Gottes zugeschrieben, in den Amun gewissermaßen eingeht und der den Namen *Ptah* trägt. Diesen Gott haben wir uns schon einmal kurz vor Augen geführt. Genauer muß man eigentlich sagen: Es ist der Gott *Ptah-Ta-Tenen*. Das ist zugleich eine klärende Kennzeichnung. Einer Hypothese zufolge steckt in dem Element *-nen* am Ende vielleicht auch das alte Wort *Nun* für die träge Urflut. Ptah wäre danach der Gott, der endgültig aus der „Müdigkeit“ des Uranfangs heraustritt und den Raum schafft. Diese positive Tätigkeit des Raumschaffens ist gewiß die Hauptfunktion eines Gottes, der als der große Handwerker oder Techniker oder Künstler gilt. Er konstruiert gewissermaßen die Erde, wobei andere Vorstellungen über deren Entstehung durchaus parallel gedacht werden können.

Aber er gehört nicht mehr zum Chaos — das muß man natürlich sagen. Er bedeutet schon eine räumliche Verkörperung, eine — wie Assmann es nennt — „Selbstverfestigung“. Das Chaos ist ja dieses träge und doch unruhige und gewissermaßen „wabernde“ Wasser, das keinerlei fruchtbare Ruhe zuläßt. Darum muß man davon eben die Gottheit unterscheiden, die diese autonome Stabilität in Gestalt eines Schiffes oder eben eines Urhügels ermöglicht. Solche Vorstellungen kann man natürlich nicht festschreiben und sozusagen abgrenzen oder exakt konturieren. Sie stehen in der ägyptischen Religion nebeneinander wie Bilder, die sich nicht gegenseitig ausschließen: Der Lebensraum ist entweder eine Barke oder ein Urhügel oder eben ein anderer fester, stabiler Raum. Dafür geradezustehen, das ist Sache des Gottes Ptah, der sich somit durchaus schon von Amun in seiner ersten Verständnisweise unterscheidet. Der Gott Amun geht also gewissermaßen in den Gott Ptah über, wird in ihn „transformiert". Der „Geist-Gott" verwandelt sich in den „Raum-Gott". Oder, um den bisherigen Prozeß noch anders zu artikulieren: Der „Chaos-Gott" versammelt sich als „Geist-Gott", um zu dem „Raum-Gott" zu werden.

Auch die dritte Stufe, die Assoziation des Zeitlichen, können wir mit einer Gottheit verbinden. Und da ist die Sache ganz einfach: Das ist ja niemand anders als der höchste Gott selber, der Sonnengott *Re*, am Zenit, an der „Spitze des Himmels". Re ist also der dritte Gott, die zweite „Verkörperung" des Amun, wie Jan Assmann sagt, und zwar ist dieser Re der Garant für die Zeit und für die Zukunft. Er ist eben die Sonne, die den Himmel überquert, die Zeiten des Morgens, des Mittags und des Abends festlegt und damit auch die Scheidung von Tag und Nacht ermöglicht, so wie es Gen 1,14 ja auch zum Ausdruck bringt: Sonne, Mond und die Gestirne sind dafür da, zwischen Tag und Nacht zu unterscheiden. Diese Auffassung haben die Ägypter ausgedrückt, indem sie für die Sonne als Prinzip der Zeitgebung eben diesen Sonnengott, den höchsten Gott, *Re*, in Anspruch nehmen. Nachdem sie zuvor *Amun* für die Phase des Aufstiegs aus dem Nun, aus der Urflut, *Ptah* für die Konkretisierung des Raumes in Anspruch genommen haben, nennen sie jetzt *Re*, den Sonnengott, den verantwortlichen Hochgott für das Prinzip der Zeit. Die entscheidende Triebfeder stellt freilich Amun dar, der somit das Prinzip der göttlichen Bewegung und Verwandlung überhaupt ist und zugleich die Identität des Schöpfergottes garantiert.

Der berühmte Ägyptologe Siegfried Morenz spricht sogar von dem „Aufstieg des transzendenten Gottes in Ägypten". Damit spielt er auf eben diese Vorstellungen an: Die Sonne erhebt sich aus der Nachtseite und steigt am Himmel empor. So ähnlich ist es auch beim Anfang aller Dinge, zu Beginn der Schöpfung. Der Sonnengott wird erst — *wird* erst — zu dem, was er schon immer ist. Und er wird es immer aufs neue: Darin erweist er seine souveräne Beständigkeit, daß diese zyklische Wiederholung immer wieder stattfindet. Die höchste Stufe vollendet sich also, wenn Amun mit Re eine Einheit eingeht: *Amun-Re,* der Hochgott, wie ihn die Ramessidenzeit als Herrn der Welt und des Alls verehrt.

3.2 Der Name

Der rätselhafte Urgrund dieser Bewegung, die Raum und Zeit schafft, ist mit dem göttlichen Namen ausgewiesen. „Amun" ist der Verborgene, der, wie man in Ägypten sagen konnte, „dessen Geburt geheim ist". Andererseits kann auch eine grundlegende Anspielung auf die ägyptische Basis *mn* „bleiben" eine Rolle für die Bedeutungsfrage spielen. Beides zusammen würde noch deutlicher die geheimnisvolle Majestät konturieren: die Verborgenheit verbunden mit der bleibenden Identität.

Vielleicht ist der Name *Amun* mit der möglichen Beziehung zur Bedeutung „bleiben" auch mit einem biblisch-hebräischen Wort verwandt, wenn man an die bekannte semitische Basis *'MN* für *fest sein* denkt, die wir auch in unserem verdeutschten Wort *Amen* wiederfinden. *Amen* gilt zu Recht als Ausdruck der Gewißheit und des „Sich-Festmachens", da es mit dem hebräischen Ausdruck für „Sich-Festmachen", „Glauben" (*hä'ämin*) zu verbinden ist. Letzten Endes würde aber, wenn man eine semitisch-ägyptische Grundlage des Wortes annimmt, eine jahrtausendealte, auch religionsgeschichtlich relevante Tradition hinter diesem Wörtchen stehen, nämlich die Überzeugung, daß erst durch die Selbstbefreiung und Distanzierung des Gottes Amun von der Chaosumfangenheit der Raum zum Leben und die Zeit zum Überleben geschaffen worden wären. Das wäre in der Tat eine enorme und nicht nur staunenswerte Tradition, die sich an das Wörtchen *Amen* knüpfen würde! Das wäre weit tiefer greifend als dieses pathetisch-betuliche *Wahrlich, wahrlich,* wie es nach dem neutestamentlichen Sprachgebrauch Jesus in den Mund gelegt wird, so daß wir kaum noch etwas erkennen von der religionsgeschichtlichen Tiefe, davon daß *Amen* ein Bekenntnis ist zum verborgenen Gott des Lebens und Überlebens.

Die Verborgenheit Amuns schließt aber auch eine Seite in sich, die sich dem Zugriff des Glaubenden entzieht. Dieser Gott Amun verkörpert in sich den Trend von der ungeordneten Wirklichkeit hin zu einer geordneten Wirklichkeit, die Leben ermöglicht, ohne jedoch die Phantasie auszuschließen, denn dieses Chaotische ist ja immer noch irgendwo in ihm. Er kommt ja nach ägyptischer Vorstellung aus dem Chaos. Der Gott Amun ist, wie wir gesehen haben, einer der Urgötter, jedoch einer, der sich emanzipiert hat. Er trägt aber auch immer noch dieses Chaotische in sich. Das sind Vorstellungen, die man in der Bibel und im Christentum nur sehr mühsam zur Sprache bringt. Die Ägypter sagen sich damit, daß Gott in sich auch Potenzen hat, die der Mensch nicht versteht — Amun ist ein *Deus absconditus* —, Dimensionen, die rätselhaft sind, die dem Ungeordneten nahestehen, ja sogar dem Bösen und dem, was wir als negativ einstufen würden: also eine rätselhafte Dimension, der dieser Gott Amun natürlich entwächst, die er aber kennt, so wie ein Urgott die anderen Urgötter kennt. Dieser Amun kennt sich aus in der Sphäre des Zerstörerischen. Christen würden es kaum wagen auszusprechen, daß Gott das Ungeordnete oder sogar das Böse durch und durch kennt: Das würden wir kaum in den Mund nehmen, aber es gehört in Ägypten zu den Grundideen, um auch das Leid in der Welt zu verstehen. Amun ist einerseits mit dem uranfänglichen Chaos verbunden, andererseits hat er in sich die Potenz, zum höchsten Gott zu werden. Den Ägyptern ist es gelungen, diese beiden Pole in der Gestalt des Amun zu verbinden. Gerade weil dieser Gott das Chaos kennt, besitzt er auch die Fähigkeit, mit ihm umzugehen, es „im Griff" zu haben.

Amun wird uns noch beschäftigen, weil jede theologische Rede — das ist meine These —, weil jede theologische Rede vom „Geist Gottes" — auch die christliche Rede — sich zuallererst und intensiv mit diesem Gott Amun befassen muß. Er ist die Konkretion der Rede vom „Gottesgeist", die jahrtausendelang vor der jüdischen und christlichen Rede vom Geist Gottes Bestand gehabt hat. Amun ist der Geistgott schlechthin.

3.3 Ein „anderer" Sonnenweg

Noch eine weitere Illustration des Weltbilds sei hinzugenommen, die etwas einfacher strukturiert ist und auch in mehreren Varianten auftritt. Es handelt sich um eine Darstellung des Tagesablaufs (Abb. 2), die auf den ersten Blick ganz anders anmu-

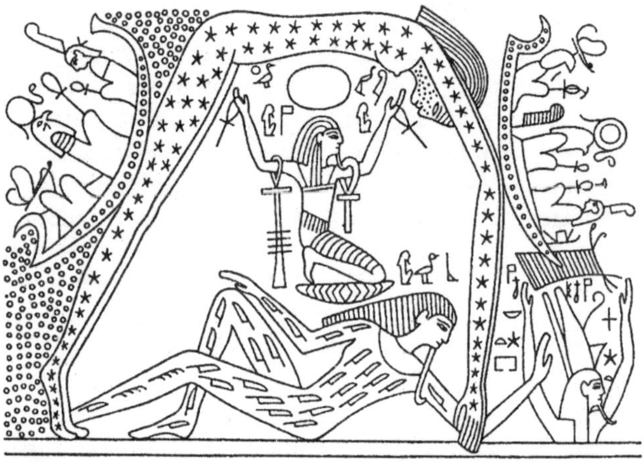

2

tet. Aber auch hier können wir fragen, wo denn eigentlich die Geistwirklichkeit verankert ist, ob sie überhaupt in diesem Bild spürbar ist. Der Erdgott Geb ist hier liegend dargestellt. Über ihm ist der Himmel in Gestalt eines Frauenkörpers, der sich über die ganze Welt einschließlich der Erde erstreckt. Zwischen beiden kniet eine Gottheit, die mit dem Lebenszeichen behängt und mit der Sonne gekrönt ist. Das ist die Gottheit der Luft mit dem Namen *Schu*, die sich zwischen Himmel und Erde befindet und dazu da ist, zwischen diesen beiden Gottheiten des Himmels und der Erde einen Zwischenraum zu belassen und dafür zu sorgen, daß der Himmel nicht auf die Erde stürzt. Auf dieser Spannung, daß der Himmel von der Erde getrennt ist, beruht das ganze Weltgeschehen. Das Erheben der Arme ist das Merkmal dieser Gottheit. Die Arme auf diese Weise erheben meint das „Stützen des Himmels" — das ist der ägyptische Fachausdruck für die grundlegende Schöpfungspotenz, zwischen Himmel und Erde zu scheiden und so das Gleichgewicht in der Welt zu halten.

Es kommt aber noch ein Weiteres hinzu. Die Sonne wird nämlich als eine Scheibe gefaßt, die abends von der Gottheit Nut, also von der Himmelsgottheit, verschluckt wird, durch ihren Körper wandert und am anderen Morgen wiedergeboren wird.

Das geht aus anderen Darstellungen noch deutlicher hervor. Der Körper der Himmelsgottheit ist dazu da, die Sonne während der Nacht aufzunehmen. Die Sonne wandert durch ihren Körper und wird morgens geboren. Das ist eine Vorstellung, die gewissermaßen in „Konkurrenz" zu den anderen kosmogonischen Ideen steht, aber wir müssen auch sehen, daß gewisse Berührungspunkte da sind. Die Sonne wird morgens geboren und abends wieder verschluckt. Der Körper der Himmelsgottheit vertritt gewissermaßen hier die Nachtseite, und das ist zugleich die rätselhafte Tiefe, aus der dann die Gottheit immer wieder ans Tageslicht kommt. Damit wird ein zyklischer Vorgang vorgeführt, abgelesen am Geburtsgeschehen und an den Vorgängen der alltäglichen Versorgung. Auch hier werden scheinbar ganz simple, aber eben augenfällige Bilder zu Hilfe genommen, um die kosmogonischen Vorgänge zu deuten.

Der Körper, der Leib der Frau ist hier also diese „chaotische Tiefe", die aber schöpferisch ist und immer wieder die Möglichkeit der Geburt des Sonnengottes gewährt. Und das ist eigentlich auch der letzte Grund dafür, weshalb diese Urtiefe, die die Chance bekommt, den Sonnengott zu gebären und aus sich zu entlassen, mit der göttlichen Weiblichkeit und zugleich mit der verborgenen Lebenskraft assoziiert wird. Hier darf auch eine der Wurzeln für das in der spätägyptischen Theologie greifbare Neben- und Ineinander der weiblichen Geistigkeit und der geistigen Weiblichkeit in den Dimensionen des uranfänglichen Schöpfungsgeschehens gesucht werden. Der eigentliche Grund auch, warum der biblischen *Ruach Elohim* die Vorstellung eines göttlichen Ur-Vogels beigelegt wird, dem sich das Ur-Ei der Lebenswirklichkeit verdankt. Wir müssen freilich notieren, daß die Weiblichkeit der „Geist"-Gottheit nicht so ohne weiteres aus dem grammatischen Geschlecht des überwiegend weiblich gebrauchten Nomens *ruach* zu eruieren ist, obwohl nicht wenige diese eilfertige Schlußfolgerung gezogen haben. Aber wir können auf ganz anderer Ebene und durch eben diese Vergleiche mit der ägyptischen Kosmogonie und ihren Varianten ersehen, daß diese

Tiefe, aus der der Sonnengott herauskommt, als Körper der weiblichen Himmelsgottheit verstanden wird. Dieser Körper hat also auch die verborgene „geistige Verfassung“ und birgt die Antriebsmöglichkeit in sich, daß der Sonnengott seinen Weg über den Himmel gehen kann. Wir brauchen uns daher nicht zu verwundern, wenn bis in die gnostischen Spekulationen hinein gerade die Verbindung des Sonnengottes mit dem Körper der Frau, der Himmelsgöttin, weiterwirkt und auch die Rolle der „Urfrau“ in Gestalt des Geistes Gottes in diese gnostischen Spekulationen einzieht, die ja auch großenteils auf dem Boden Ägyptens gewachsen sind.

3.4 Trinitarische Konstellation

Der Einblick in die Grundstruktur ägyptischer Kosmogonien möge mit dem Ausblick auf das trinitarische Denken beschlossen werden. Die Beziehung Amuns zu Ptah und Re ist konstitutiv für die Entwicklung der vorchristlichen Konzeption einer dreieinen Wirklichkeit in Gott. Amun ist — wie dargelegt — mit den Urgöttern, die das Chaos symbolisieren, verwandt. Er ist geradezu einer von ihnen, aber er entwächst dem Chaos, um dann sukzessiv neue Gestalten anzunehmen. Er verleiblicht sich, er inkarniert gewissermaßen in der Gestalt des Gottes Ptah, um dann in einer weiteren Transformation noch einen Schritt weiter zu gehen: Er wird zum überragenden und alles überstrahlenden Sonnengott Re. Das sind die drei entscheidenden Phasen, die in der Kosmogonie über die Bühne gehen: Amun, in nächster Nähe also zum Chaos, wird zu dem Gott Ptah, der die Welt durch sein schöpferisches Wort verwirklicht, die gewordene Welt mit ihrer räumlichen Ausdehnung, die Sicherheitszone, wie wir sagen, wo Leben entstehen kann und wird. Aber er ist eine Verkörperung des alles motivierenden Urgeistes, des Gottes Amun. Und noch einen Schritt weiter wird die nächste Transformation vollzogen, die Zeit wird geboren, und dafür steht der Sonnengott Re da als Prinzip des Alls, als Herr des Kosmos. Auch der Sonnengott selbst ist eine Vergegenwärtigung des göttlichen Urprinzips, so daß er auch in der Sprache der ramessidischen Theologie als Weltengott mit dem Namen Amun-Re erscheint. Die Beschreibung dieses höchsten Gottes mit dem Doppelnamen – in der Ägyptologie gelegentlich recht ärmlich als „Bindestrich-Gottheit“ ausgewiesen – offenbart eine sublime Gottesidee, die den Vergleich mit jüngeren Theologien der Religionsgeschichte nicht zu scheuen braucht.

Wenn wir mehr darüber nachdenken, werden uns diese Gedanken vertrauter, und wir merken wohl, daß sie christlichen Grundkonzeptionen gar nicht so fernstehen. Wenn wir die trinitarische Theologie ausloten, da reden wir ja auch vom Geistgott, vom Wortgott, von der Inkarnation, von der Fleischwerdung, Menschwerdung, und wir reden von dem höchsten Gott, der der kosmische, universale Gott ist und bleibt. Bei aller Zuwendung, bei aller Inkarnation bleibt er der die Welt überstrahlende Allgott, der Universalgott.

Die kosmische Zuordnung im Prozeß findet ihren plastischen Ausdruck in einer Konstellation der drei Hauptgötter Ägyptens, die in der Cella des Felsentempels Ramses' II. in Abu Simbel dargestellt werden, wobei der Pharao zur Rechten des Vatergottes Re erhöht und in die trinitarische Gemeinschaft aufgenommen wird (Abb. 3). Das – wie in der Baukonzeption vorgesehen –

3

regelmäßig auf die Gruppe, näherhin auf die Gestalt des Amun fallende Sonnenlicht läßt an den angesprochenen Werdeprozeß denken.

Es wurde bereits darauf hingewiesen, daß das kosmische Werden in Ägypten ein entscheidender Gesichtspunkt ist und daß wir im Vergleich dazu in Gen 1 und den weiteren Entwicklungen des Nachdenkens über die schöpferische Wirklichkeit Gottes die gleichbleibende Identität des einen Gottes Israels bedenken müssen. In Israel ist der universale Gott als der Eine und Einzige schon vor Beginn der Schöpfung neben dem in ungeahnter Weise bewegenden und beweglichen Gott gesehen worden — der ferne, erhabene Gott und der nahe, mitseiende Gott. Beides gehört zum Gottesbild, das sich naturgemäß einem rationalen Zugriff entzieht.

In Ägypten legt man größten Wert darauf, das Werden des höchsten Gottes zu dokumentieren, ohne der einen göttlichen Wirklichkeit etwas von der Verborgenheit zu nehmen. Und auf dieser Ebene müssen wir zunächst bleiben, um religionsgeschichtlich auf den Grund dieser Entwicklung zu kommen, die am Ende zur Trinitätslehre hinüberführt. Wir finden dazu reiches Material vor allem in den ägyptischen Hymnen, die von Jan Assmann herausgegeben und kommentiert wurden — für alle, die sich nicht zuletzt in die Psalmeninterpretation vertiefen wollen, ein unverzichtbares Begleitbuch.

Im 300. Lied des sogenannten Leidener Amunshymnus heißt es:

Drei sind alle Götter:
Amun, Re und Ptah, denen keiner gleichkommt.
Der seinen Namen verbirgt als Amun,
er ist Re im Angesicht,
sein Leib ist Ptah.

Oder — zum Ende des Liedes:

Einzig er allein, Amun, zusammen mit Re
(und Ptah), zu dreien verbunden.

Die theologische Bemühung, die Einheit der göttlichen Wirklichkeit angesichts der Hochgötter zu wahren, ist unverkennbar.

Das gilt um so mehr, wenn der Anfang des Liedes dementsprechend so wiedergegeben wird, daß der Ausdruck „alle Götter" im Sinne der ganzen göttlichen Wirklichkeit verstanden wird, was grammatisch möglich ist. Der hymnische Wortlaut kann im wesentlichen als literarisches Gegenstück zu der Szene in Abu Simbel verstanden werden. Die Verborgenheit des Amun findet ebenso ihr klares Bekenntnis wie die allwissende Kompetenz des Re, die sich im Falkensymbol manifestiert. Von weittragender Bedeutung ist vor allem die Erklärung zur Leibhaftigkeit der göttlichen Wirklichkeit in Gestalt des Ptah.

Hier wird das inkarnatorische Prinzip greifbar, dessen Reflexion in der Religionsgeschichte in Verbindung mit der geschichtlichen Vergegenwärtigung der Gottheit nach biblischer Tradition als ein zentrales Bekenntniselement im christlichen Glaubensbekenntnis nachwirkt.

Die substantielle Bedeutung des Amun im Zuge der „Transformationen" verdeutlicht am ehesten das 80. Lied des Leidener Hymnus:

Die Acht waren deine erste Gestalt,
damit du diese zur Eins vollmachtest.
Geheim war dein Leib unter den Uralten,
indem du dich verborgen hieltest als Amun
an der Spitze der Götter.

Du nahmst deine (nächste) Gestalt an als Tatenen,
um die Urzeitlichen hervorzubringen in deiner ersten Urzeit.
Deine Schönheit erhob sich als „Stier seiner Mutter",
du entferntest dich als der, der im Himmel ist,
indem du bliebst als Re.

Du bist wiedergekommen in den Vätern als Schöpfer ihrer Söhne,
um ein treffliches Erbe zu machen für deine Kinder.

Die Prädikation „Stier seiner Mutter" (ägyptisch „Kamutef") zielt in Verbindung mit Amun auf die Vorstellung, daß sich die Gottheit unter dem Bild des die Zeugungskraft symbolisierenden Stiers mit der kosmischen Muttergottheit liiert, um so in einer Art Autogenese sich selbst zu schaffen. Zu den Geschöpfen gehören schließlich auch die Menschen, die aus dem göttlichen Auge hervorgehen.

Zu welcher Großartigkeit dann die ägyptische Hymnenliteratur geführt hat, um das Werden dieses potentiell schon immer höchsten Gottes anzuzeigen, wird vielleicht in folgendem Hymnus deutlich, der ebenfalls ein Teil der Amunshymnen aus Leiden ist und hier das 200. Lied darstellt:

Geheim an Verwandlungen, funkelnd an Erscheinungsformen,
wunderbar erscheinender Gott, reich an Gestalten!
Alle Götter rühmen sich seiner,
um sich mit seiner Schönheit so zu erhöhen, wie er göttlich ist!

Re selbst ist vereinigt mit seinem Leib.
Er ist der Große in Heliopolis.
Man sagt auch «Tatenen» zu ihm,
Amun, der aus dem Nun hervorkam,
um die „Gesichter" zu leiten.
...

Einzig ist Amun, der sich verborgen hat,
der sich vor den Göttern verhüllt,
so daß man sein Wesen nicht kennt;
er ist ferner als der Himmel, tiefer als die Unterwelt.
Kein Gott kennt seine wahre Gestalt,
sein Bild wird nicht entfaltet in den Schriftrollen,
man lehrt nicht über ihn etwas Sicheres.

Die Vorstellung der „Unbildbarkeit" Gottes, die uns aus dem Dekalog geläufig ist, hat in der ägyptischen Amunsverehrung ihren Vorläufer. Auch von Amun hat man gesagt, daß er kein Bild verträgt: *Sein Bild wird nicht entfaltet in den Schriftrollen, man lehrt nicht über ihn etwas Sicheres.* Die Relativierung jeder „dogmatischen" Erklärung über das Wesen Amuns findet auch gleich ihre Begründung:

Er ist zu geheimnisvoll, um seine Hoheit zu enthüllen,
er ist zu groß, um ihn zu erforschen,
zu mächtig, um ihn zu erkennen.
Man fällt nieder auf der Stelle vor Schrecken,
wenn man seinen geheimen Namen
wissentlich oder unwissentlich ausspricht.

Die Ptolemäerzeit hat die Stellung Amuns im Verbund mit Ptah und Re noch einmal herausgestellt. Auf dem berühmten Stein von Rosette, der seinerzeit Champollion bei der Entzifferung der Hieroglyphen als große Hilfe gedient hat, ist in ägyptischen Hieroglyphen, in demotischer Schrift und in griechischer Schrift ein Dekret aufgezeichnet. In sogenannten Kartuschen sind anfangs die Namen und Epitheta eines ptolemäischen Herrschers — Ptolemaios' V. Epiphanes — aufgeführt, wobei eine Verbindung mit dem Sonnengott Re, mit Amun und mit Ptah hergestellt wird:

Dem Re den Sieg gegeben hat,
Lebendes Bild des Amun,
Sohn des Re,
Ptolemaios, er lebe ewig,
geliebt von Ptah.

So erhält der griechische Herrscher eine altehrwürdige Reputation, die ihn als späten Nachfahren der Könige des ägyptischen Neuen Reiches ausweist. Er erscheint als Abbild des Amun, zieht also den Geburtsnamen des bekannten Königs Tutanchamun („lebendiges Bild des Amun") auf sich, wobei „Bild" in der griechischen Fassung mit *eikon* (Ikone) und Amun mit *dios* wiedergegeben wird, was auf seine Nähe zu Zeus hinweist. Ferner haben wir eine Prädikation mit Bezug auf den Gott Ptah: *geliebt von Ptah,* was auch der griechischen Fassung entspricht. Die enge Verbindung zu dieser Gottheit der Inkarnation, der Verleiblichung, wird demnach noch in ptolemäischer Zeit sehr hochgehalten. Der König ist also ganz besonders mit dem Gott der Verleiblichung, der „Selbstverfestigung" (Assmann), Ptah, liiert. Traditionell ist der ägyptische König natürlich auch mit Re, griechisch Helios, also dem Sonnengott, verbunden. Vor dem Namen des Ptolemaios steht, daß er der *„Sohn des Re"* sei. Die ägyptische und die griechische Fassung („Sohn des Helios") stehen hier in klarer Entsprechung. Der Sohn des Sonnengottes, der Sohn des Re/Helios, ist nunmehr dieser ptolemäische Herrscher, der in die Fußstapfen seiner bodenständigen Ahnen treten will. Die Epitheta gehören zur Ausstattung des religionspolitisch relevanten Namens und sind in den Kartuschen miteingeschlossen.

Wir können durchaus so weit gehen, daß wir eine uns vertraute Formulierung hier im Vergleich hinzuziehen dürfen, nämlich die Verbindung der trinitarischen Einheit mit dem göttlichen Namen zur Eröffnung christlicher Gebetsformen: *Im Namen des Vaters, des Sohnes und des Heiligen Geistes.* Der griechische Herrscher, der Ptolemäerkönig, verbindet seinen Namen mit dem höchsten Gott, dem Sonnengott, mit dem Wortgott Ptah, dem Gott der Verleiblichung, und eben auch mit dem Geistgott Amun. Er stellt sich so unter die Obhut seiner trinitarisch gefaßten göttlichen Autorität, um sich zugleich mit deren Namen zu legitimieren.

Diese Prädikationen sollte man daher nicht einfach als bloße Traditionsübung beiseite schieben, denn die Ptolemäerkönige haben ganz bewußt ihre Namensausstattung gewählt — es war sozusagen ein religionspolitisches Programm: eine Vergegenwärtigung der Verbindung mit der Götterwelt zur Zeit der ramessidischen Blüteperiode.

Daß der zwischen den Göttern Amun, Re und Ptah bestehende enge Zusammenhang den Ägyptern in der Spätzeit noch sehr wohl bewußt war, zeigt auch die Dekoration zeitgenössischer Tempel. Der Dreischritt: Chaos — Raum — Zeit ist noch in dem Tempel von Esna, südlich von Luxor, auf den Darstellungen der Tempelwände nachvollziehbar. Es ist ein Tempel, der in griechischer und römischer Zeit ausgestattet wurde und dessen Kultbetrieb bis in die christliche Zeit hinein bestanden hat, so daß es also — parallel zum beginnenden Christentum — zunächst noch eine Verehrergemeinde gab. Das beweist, daß wir nicht einfach sagen dürfen, die ägyptische Religion wäre so weit in der Vergangenheit versunken gewesen, daß sie für die christliche Rezeption keine Bedeutung mehr gehabt hätte, denn bis in die christliche Zeit hinein reichen die Darstellungen dieses Urprinzips der Kosmogonie: Amun am Anfang, gefolgt und adaptiert von Ptah und Re. Selbst noch in den späten Tempeln der ägyptischen Kultur- und Religionsgeschichte wird somit spürbar, daß die Grundvorstellung dieser drei Gottheiten, die den Kosmos konstituieren, sich durchgehalten hat.

Jedes Reden von Trinität basiert also auf Überlegungen zur Entstehung des Kosmos und ist verbunden mit den Personifikationen, die bereits die Ägypter geschaffen haben, um die Phasen des Kosmos mit den Göttern in eins zu setzen und durch Götter vertreten sein zu lassen.

3.6 Die „Herkunft" Amuns

Die Herkunft des Gottes ist in der Forschung umstritten. Es gab eine These, die auf den Ägyptologen Kurt Sethe zurückgeht, der gemeint hat, Amun sei frühzeitig in dem Kultort Hermupolis, heute Tuna-el-Dschebel, belegt, der sich in Mittelägypten gegenüber dem berühmten Tell-el-Amarna, wo der „Sonnenkönig" Echnaton residiert hat, befindet. In Hermupolis hat man in der Tat den Gott Amun als einen Bestandteil der Urgötter verehrt. Aber Sethe meinte nun, dies sei eine alte Lokaltradition, die zu gesamtägyptischer Bedeutung gelangt sei. Von Hermupolis wäre dieser „pneumatische" Gott Amun in die Reichshauptstadt Theben gelangt, um erst dort zu vollen Ehren zu kommen und an die Spitze der Götter gesetzt zu werden. Diese These hat sich bisher nicht in jeder Hinsicht bestätigen oder beweisen lassen. Wahrscheinlich bleiben die Anfänge des Gottes Amun so im Ungewissen und Unklaren wie sein Name selbst und das mit ihm Bezeichnete, denn sein Name bedeutet ja Verborgenheit. Es ist also wohl müßig, danach zu fragen, in welchem Kultort Ägyptens er zuallererst verehrt worden ist. Jedenfalls hat er mit Sicherheit im Zuge des Mittleren Reiches an überregionaler Bedeutung gewonnen und ist dann erst recht im Neuen Reich zum „Vater aller Götter" aufgestiegen, um als „Amun-Re" die höchste und universale Position einzunehmen. Seine pneumatische Natur hat ihm im Grunde diese umfassende Dimension verliehen, so daß er mit nahezu allen Göttern in Beziehung treten konnte, um endlich an der Spitze der Götterwelt stehen zu können.

3.7 Zeugung durch den Geistgott

Mit der bisherigen Kennzeichnung ist natürlich längst nicht alles gesagt, was über den Geistgott Amun aus der ägyptischen Literatur erhoben werden kann. Ich möchte deswegen noch weitere Erscheinungsformen vorstellen. Da ist als erstes einmal die Rolle

4

des Geistes Gottes in Zusammenhang mit der Königsinthronisation: Nach ägyptischer Vorstellung ist es der Geistgott, der den Pharao zeugt. Im Rahmen eines Szenenzyklus zur Geburt des Gottkönigs wird Amun zusammen mit seiner menschlichen Partnerin, der künftigen Mutter des Königs, gewissermaßen in eine übergeordnete Sphäre gehalten von den beiden unter ihm sitzenden Gottheiten, die die Füße beider Gestalten „unterfangen", um die Begegnung so in eine geheimnisvolle Wirklichkeit hineinzuversetzen (Abb. 4). Daß es sich um Amun handelt, zeigt nicht nur die Beischrift, sondern auch die Kopfbedeckung aus Federn. Diese sollen die „Luftigkeit" des Gottes unterstreichen, die Nähe zum Wind, zum Sturm — und damit zum Prinzip des Lebens —, und eben das Pneumatische zum Ausdruck bringen, das dem Gott innewohnt. Gerade Amun, der in der Nähe zum Chaotischen und zu den übergreifenden Weltentstehungsprozessen gesehen wird, steht für dieses Lebensprinzip, denn das Leben hat ja auch etwas Chaotisches an sich und verläuft nicht immer in geordneten Bahnen. Im Wissen darum haben die Ägypter das Urprinzip des Lebens, wirklich diese Ausgeburt des Lebendigen, in einer Nähe zum Chaos und zugleich in einer überragenden Souveränität begriffen. Solch große Achtung hatten sie vor dem geheimnisvollen Inhalt des Lebens.

Hier also sitzt Amun der Königinmutter in erhabener und gewiß so als überirdisch empfundener Position gegenüber, berührt zart ihre Hände und reicht ihr das „Anch"- (d. h. Lebens-) Zeichen an die Nase, um sie mit Leben zu erfüllen. Es handelt sich hier um nichts anderes als eine bildliche Darstellung der Empfängnis durch den Geist Gottes. *Empfangen durch den Heiligen Geist,* so würden wir mit der Formulierung unseres Glaubens sagen, ein Bekenntnis, das der Ägypter durch die bildliche Konstellation ausdrückt. Ganz anders, als es phantasievolle und mehrfach sich an der Grenze zur Absurdität bewegende Darstellungen der Empfängnis aus dem Abendland vermögen! Auf eine ungemein eingängige und lebensnahe Weise haben die Ägypter ihren Glaubensgrundsatz von der Abkunft des Pharao aus Gott dargestellt, obwohl sie genau wußten, wer die menschliche Mutter und der menschliche Vater des Pharao waren. Sie haben in der Tat keinerlei Gegensatz zwischen einer biologischen und einer glaubensmäßigen Abkunft gesehen.

Es ist wichtig, auf diese Gegebenheiten immer wieder hinzuweisen, weil der einschlägige religionsgeschichtliche Vergleich für Theologen meist noch eine fremde Welt ist. Wir sollten dankbar dafür sein, daß uns diese Bilder überkommen sind und geschenkt wurden. Man darf sich nicht zu schnell von der altehrwürdigen Bildsprache verabschieden. Und man sollte nicht hingehen und sich als Christ so fühlen, daß man alle Religiosität abwertet, die vorher da war, und verächtlich herabschaut auf die Götterwelt der Alten, nur weil sie angeblich nichtbiblisch ist. So einfach kommen wir nicht davon. Eine neue Einstellung ist entscheidend für das Gespräch zwischen den Religionen. Wir müssen uns heute mehr und mehr anstrengen, alte und wegweisende Religionen wieder auszuloten.

3.8 Tiere als Attribute

Es geht uns um eine Bekanntschaft mit einem Gott — einer göttlichen Person dürfen wir sagen —, die das Geistige in der göttlichen Wirklichkeit repräsentiert, und zwar vor Beginn des Christentums und außerhalb des Alten Testaments. Das ist eine durchaus neue Bekanntschaft für viele, weil wir ja immerhin noch davon zehren, daß die Begegnung mit dem Geistgott eine besondere Neuentdeckung der Alten Kirche ist, gegebenenfalls unter Rücksichtnahme auf das Alte Testament. In Wahrheit ist es so, daß die Bestimmung des Pneumatischen in Gott und die Fassung dieses Pneumatischen innerhalb einer göttlichen Dreieinigkeit ein ägyptisches Erbe ist. In der Zeitschrift *„Theologische Rundschau"* hat der Ägyptologe Wolfhart Westendorf einen ansprechenden Aufsatz veröffentlicht, in dem er ausdrücklich die ägyptische Erbschaft auch für das christliche Bekenntnis benennt und beschreibt. Ich möchte auf dieser Linie weitergehen und die Bekanntschaft mit dem Gott Amun, um den es geht, vertiefen, indem wir uns einige Attribute dieses Gottes anschauen, um dann am Ende wieder eine Brücke schlagen zu können zu dem Geist Gottes, der ebenfalls mit und in Attributtieren in Erscheinung tritt. Ich denke an den Vogel oder gar den Urvogel, der Wandlungen bis hin zur Taube erfährt.

Attributtiere — das bedeutet nicht, daß man in Ägypten diese

Tiere unmittelbar als Götter identifiziert hätte. Sie haben nur einen Verweischarakter. Sie sollen gewissermaßen eine bestimmte Wirklichkeit des Gottes zum Ausdruck bringen. Man soll an ihnen erkennen können, was dieser Gott Besonderes an sich hat.

3.9 Der Widder

Darum möchte ich zunächst einen Blick auf den Widder als ein wichtiges Attributtier des Amun werfen. Alle, die den berühmten Amuntempel in Karnak, den größten und bedeutendsten Tempel Ägyptens, besuchen, erreichen den Haupteingang über eine Allee von sogenannten Widdersphingen, also von Wesen, die in Widdergestalt den Hauptgott des Neuen Reiches vergegenwärtigen. Der Widder ist tatsächlich das Lieblingstier oder besser Attributtier des Gottes Amun. Das liegt sicher daran, daß der Widder mit seinem Gehörn schon in ältester Zeit als das Tier gegolten hat, das – ähnlich wie der Stier – Zeugungsfähigkeit und Vitalität repräsentiert. Der Widder ist auf diese Weise zu einem Attributtier geworden, das gerade das Vitalisierende, das Schöpfungsorientierte an der Gottheit Amun zum Ausdruck bringt. Er ist derjenige Gott, der die Schöpfung durchdringt und den Kosmos am Leben erhält. Er ist die tiefgründige, alles Sein durchwaltende und behütende göttliche Wirklichkeit: Amun, der verborgene Gott, symbolisiert durch diesen Widder (Abb. 5, S. 92), dessen Darstellungsgeschichte auch in der Kunst eine eigene Geschichte hat – bis hin zur Darstellung etwa der Nachfolger Alexanders in Ägypten, der Ptolemäer.

Alexander selbst mit einem Widderhorn auf dem Kopf, dem Ammonshorn, wie es auch heißt, erinnert daran, daß dieser Herrscher von der besonderen Auszeichnung der Pharaonen profitieren wollte, die sich ja in spezieller Nähe zu diesem Geistgott Amun sahen. Alexander hat sich bekanntlich in der „Amun-Oase“ Siwa im Norden der Libyschen Wüste von den dortigen Priestern ein Orakel geben und zum „Sohn Gottes“ deklarieren lassen, und auf diese Weise konnte er sich als Nachfolger der Pharaonen unter dem Schutz des Gottes Amun legitimieren. Die Kunstgeschichte legt davon dadurch Zeugnis ab, daß Alexander und die Ptolemäer mit einem Horn dargestellt werden können.

5

Auf den Münzen beispielsweise begegnen wir dieser Dekoration. Wir sehen also: Bis unmittelbar in den Vorabend des christlichen Zeitalters hinein gilt Amun als der besondere Schutzgott des Kosmos, des Lebens und des Königtums.

Mit dieser Abbildung der Ptolemäer mit dem Horn des Amun sollte die Darstellung des gehörnten Mose nicht verwechselt werden. Denn diese berühmte Darstellung des Michelangelo beruht auf einem Mißverständnis aufgrund der lateinischen Übersetzung in der Vulgata, wo es von Mose nach seiner Begegnung mit seinem Gott heißt, er habe eine *facies cornuta* gehabt. Das hat man dann als *gehörntes Angesicht* aufgefaßt. Aber der hebräische Text spricht nicht von einem *gehörnten* Angesicht, sondern von einem *glänzenden, strahlenden* Angesicht, also von etwas völlig anderem. Aber die Lautung ist eine ähnliche, denn das hebräische *glänzen* wird mit *Qof, Resch* und *Nun* geschrieben, und das klingt ähnlich wie lateinisch *cornu, „das Horn"*, und *cornuta, „gehörnt"*. Auf solche Weise ist das Mißverständnis zu erklären. — Auf der anderen Seite drückt sich natürlich auch wieder die Religionsgeschichte auf merkwürdige Weise mit dieser Deutung aus, wenn wir bedenken, daß das Amunsgehörn zur Auszeichnung der bedeutenden Persönlichkeiten gehört. So hat man wohl nichts dabei gefunden, eben auch diesen „gehörnten" Mose in der Nachbarschaft der „gehörnten" Nachfolger Alexanders zu verstehen.

Ich möchte als ein Beispiel für den Umgang mit dem Widder als Symboltier des Amun auf einen Skarabäentyp zurückgreifen, der in Palästina am Anfang des ersten Jahrtausends v. Chr. verbreitet gewesen ist. Dieser Skarabäentyp (Abb. 6, S. 94) gehört mit seiner Darstellung auf der Unterseite zu den Belegen der sogenannten Amunkryptogramme, das heißt zu jenen Stücken, die auf geheimnisvolle Weise Amun darstellen und seine Wirklichkeit, die Geistwirklichkeit, nahebringen. Davon kann natürlich auf den ersten Blick niemand reden, der nicht in die Zusammenstellung, in die Konstellation dieser Figuren hineinschaut. Darum dazu ein kurzer Kommentar: In der Mitte ist ein stilisierter Widder mit einem etwas erweiterten Gehörn. Dieser Widder ist mit einer bestimmten Konnotation versehen, die sich auch phonetisch ausdrückt. Er steht nämlich für den Buchstaben *n*, weil er zugleich Amun als den *Herrn der Welt* kennzeichnet. *Herr der Welt* heißt ägyptisch *neb-cheper; neb,* das erste Wort, hat den Anfangsbuchstaben *n,* und darum steht in dieser kryptographischen Sprache die mittlere Figur, die ohnehin für Amun in Beschlag genommen werden muß, für den Buchstaben *n.*

Auf der linken Seite haben wir es mit einem sogenannten Uräus zu tun, einer Kobraschlange, die hier auf dieser Darstellung im oberen Teil am Kopf etwas zerstört ist: eine Kobra, die ein Flügelpaar hat, also ein phantastisches Wesen, ein Fabelwesen, das es in der Natur nicht gibt. – So ähnlich, auf dieser Grundlage, sind ja die berühmten Serafim in Jes 6 zu verstehen,

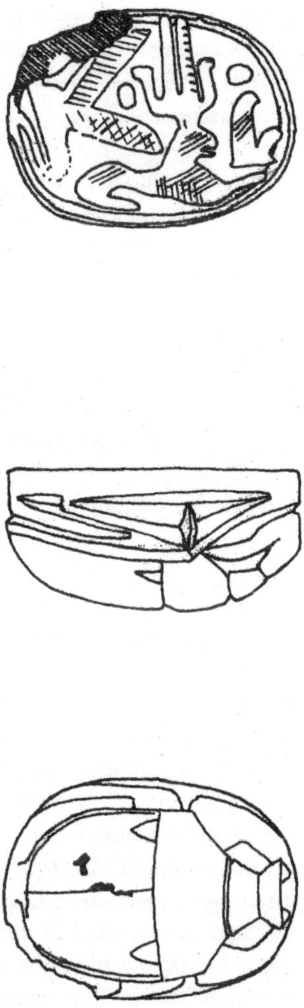

6

also die „Engelwesen“, die von Haus aus als aufgerichtete Kobraschlangen verstanden werden müssen, was man jedoch nachher nicht mehr gewußt hat; die Kerubim sind dagegen im Grunde Sphingen — so wie der große Sphinx von Gise bei Kairo, aber versehen mit Flügeln, ebenfalls also Fabelwesen. Das hat man in der staatlichen Zeit Altisraels noch gewußt, aber alsbald dann diesen Vorstellungshintergrund aus dem Auge verloren, so daß Serafim und Kerubim später zu Bezeichnungen der höchsten Engelwesen geworden sind. Aber kein Mensch kann sich heutzutage in der Welt der Gläubigen noch mit dem ursprünglichen Vorstellungsbild zufriedengeben oder abfinden. — Die aufgerichtete Kobra mit den Flügeln steht für den Buchstaben *j*, das heißt für den Anlaut des Namens Amun, der im Ägyptischen *jmn* geschrieben wird, weil die Bezeichnung für die Kobraschlange *j*ᶜ*rt* heißt, d. h. *die Aufsteigende.* Also haben wir schon zwei Buchstaben, *j* und *n*, den Anfangs- und den Endbuchstaben des Namens Amun, vor uns. Und dann bleibt noch ganz rechts eine Gestalt, eine Göttin mit der Sonnenscheibe auf dem Kopf. Das ist die Göttin Maat, die Göttin der Weisheit, der Wahrheit, der Gerechtigkeit, des Sinnes überhaupt, bezeichnet auch als Tochter des Sonnengottes Re. Die „Maat“ steht hier für den Buchstaben *m.* Wir haben schon kurz von ihr gesprochen, als wir über den weiblichen Charakter von *Ruach* nachdachten.

Diese drei ins Auge fallenden Figuren stehen jeweils für einen Buchstaben, und zwar einen Buchstaben des mit drei Konsonanten geschriebenen Wortes Amun in seiner ägyptischen Lautung, nämlich *J-m-n.* Das ist ein geheimnisvoller Umschreibungsmodus, der der unauslotbaren Wirklichkeit des Gottes Amun entspricht.

Wir erfahren auf dieser Darstellung also auf dreifache Weise etwas von dem Gott Amun: einmal durch den Widder mit seiner komplizierten Hörnerkrone, der im Mittelpunkt dieser Szenerie steht. Dieser Widder ist — wie gesagt — das Attributtier des Amun, und es ist den Zeitgenossen sofort bewußt gewesen, um welche Gottheit es geht. Aber die Nachbarfiguren werden auch noch einbezogen, um die elementar vitale, zugleich aber rätselhafte Existenz dieses Gottes auszudrücken, der an der Spitze der Götterwelt steht: Die Uräusschlange verweist auf die wirksame

Protektion des Gottes, die Maat-Figur deutet auf die geheimnisvolle Wirkkraft.

Nun ist es so, daß im Süden Palästinas massenhaft solche Skarabäen gefunden wurden und verbreitet gewesen sind. Es müssen Tausende, Zigtausende gewesen sein, die man in alter Zeit benutzt hat. Othmar Keel, der besondere Fachmann für solche Skarabäen, hat von „ramessidischer Massenware“ gesprochen, die freilich auch noch in jüngerer Zeit in Gebrauch war. Es gab also eine außerordentliche Anzahl von solchen winzigen Amuletten. Auch dieses Stück ist nur etwa ein Zentimeter groß, aber dennoch mit einer aussagefähigen, bezeichnenden Dekoration versehen.

Diese Skarabäen, die man wohl als Amulette getragen hat, hatten die gleiche Funktion wie bei uns die Medaillons und sollten nicht vorschnell als „magisches Instrument“ abgewertet werden. Sie sind ein Ausdruck für die zeitgenössische Frömmigkeit, in der man nicht nur den anderen großen Göttern oder auch den Hausgöttern Verehrung zollte, sondern sich gerade der verborgenen Wirklichkeit Amuns bewußt war. Man hat diese Stücke bei sich getragen, um somit einen persönlichen Bezug zur Wirklichkeit Gottes zu haben. Die Religionsgeschichte spricht deswegen auch von einer Phase der „persönlichen Frömmigkeit“, gerade in der sogenannten Ramessidenzeit, d. h. in der 19. und 20. Dynastie, wobei der Schwerpunkt in der 20. Dynastie liegt, sowie in der 21. Dynastie, zu Beginn der sogenannten 3. Zwi-

7

8

schenzeit. Diese Periode in der Geschichte Ägyptens entspricht der Blütezeit in der Erinnerung Israels, der Zeit der Könige David und Salomo, des „Großreichs" in Israel. Die 21. Dynastie kennt besonders ausdrucksvolle Zeugnisse der Amunsverehrung und -frömmigkeit.

Dieser Widder ist also das Symboltier der Lebendigkeit, der Vitalität. Man hat gerade in Amun nicht etwas Vergeistigtes gesehen und ihn abgehoben von der Welt der Lebenden, sondern man hat ihn geradezu als Prinzip des Lebens erfassen und verehren wollen. Man hat ihm Lobeshymnen gedichtet, aber sich auch mit Klagereden an ihn gewandt, ihn um Hilfe gebeten und seine Gegenwart geradezu beschworen.

3.10 Die Nilgans

Ein anderes Beispiel der palästinischen Miniaturkunst stammt ebenfalls aus dem Süden Palästina/Israels. Dieses Amulett (Abb. 7) zeigt ein anderes Attributtier des Gottes Amun, nämlich die Nilgans. Diese Nilgans ist in die Zoologie eingegangen unter der Bezeichnung *Alopochen aegyptiaca* (Abb. 8). Sie wird als Symboltier des Gottes Amun gesehen und ist auch hier wieder in eine sehr rätselhafte und verborgene Konstellation eingebunden.

Wir sehen in Abb. 7 diese Gans, deren Federkleid durch die Innenzeichnung angedeutet ist, mit einer Wiedergabe des Gottesnamens Amun dargestellt. Der erste Buchstabe des Gottesnamens Amun ist mit der senkrechten Hieroglyphe angegeben, die an ein Schilfblatt erinnert, und der zweite und dritte mit einem kammähnlichen Zeichen — ursprünglich wohl einem Spielbrett mit Steinen darauf —, das nochmals durch ein *n,* die Wasserlinie, komplementiert wird, so daß die drei Buchstaben des Gottesnamens hier vertreten sind. Schon allein dadurch war jedermann, der damals dieses Stück in die Hände bekam — man konnte auch in Palästina durchaus mit Hieroglyphen umgehen, wie wir durch Grabungen wissen — bekannt, daß es sich um eine Wiedergabe des Gottesnamens Amun handelt.

Aber es sind noch mehr Bezüge darin, vor allem natürlich die Darstellung dieser Nilgans. (Bei den berühmten *Gänsen von Meidum* hat man übrigens auch an die heiligen Gänse des Gottes Amun gedacht!) Selbstverständlich fragt man sich, was gerade die Gans mit Amun zu tun hat. Hier gibt es verschiedene Überlegungen. Die Gans heißt auf ägyptisch *smn,* das ist schon von der Lautung her von Amun nicht so weit entfernt. Man könnte sogar an eine sogenannte Kausativform denken, also eine Verbform mit *s* als erstem Element. Dann hätte man die Beziehung zum Gott Amun, der *bleibend macht* oder *fest macht* oder so ähnlich. Aber das muß nicht unbedingt so sein, wir können jedenfalls mit dieser Möglichkeit rechnen.

Aber bleiben wir noch ein bißchen bei dieser Darstellung. Ganz rechts haben wir das bekannte Hieroglyphenzeichen *nfr,* das *gut, schön* heißt und das zum Beispiel auch in dem Namen der Königin Nofretete, der Gemahlin des Echnaton, enthalten ist, den man aufgrund seiner Vokalisation richtigerweise *Napteta* aussprechen müßte. *Nofretete* ist eine Kunstwiedergabe — die Ägypter hätten es gar nicht verstanden, wenn man ihnen den Namen *Nofretete* genannt hätte. Das ist eine nachträgliche, erst im Abendland sozusagen eingebürgerte Aussprache. Das Zeichen *nfr* steht natürlich auch wieder stellvertretend für einen Einzelbuchstaben, nämlich das *n.* So können wir auch hier eine dreifache Gliederung ausmachen, eine dreifache Strukturierung, die für sich wieder auf den verborgenen Gott Amun verweist: der Name Amun (ägyptisch *jmn*) selbst mit dem Anfangskonsonanten *j*, die Gans als das Symboltier mit dem Buchstaben *m* in der Mitte der Bezeichnung *smn* und die Prädikation *nfr* für *n*.

Weiterhin ist das *nfr*-Zeichen noch ein Hinweis darauf, daß die Ägypter sehr gerne von Amun als dem Schönen und Guten gesprochen haben und auch von der schönen Amunsgans redeten und sie sogar in einen Personennamen hineinbrachten. Der Personenname, der uns auch in Keilschrift überliefert ist und deswegen die Vokalisation zeigt, lautet *Samannapir*. Da steckt *smn*, *Gans*, darin, und *napir* ist das Gegenstück zu *nfr*, also: *die gute Amunsgans*. Vielleicht erscheint uns das reichlich überflüssig, so über eine Gans zu sprechen, aber darin stecken ganz elementare Aussagen, die für die Geisttheologie wichtig werden. Denn in diesem Geist Gottes vereinigt sich das Gute, Schöne und Lebensfördernde, und dieser Geist Gottes ist eben bildlich darstellbar in der Gestalt des Urvogels. Dieser Urvogel dürfte eben wohl zunächst einmal als eine solche Gans begriffen worden sein.

Diese Nilgans wird nämlich wahrscheinlich auch jener Vogel sein, der in einem umfangreichen Hymnus in Ägypten zur Sprache kommt. Es ist der sogenannte *Tausend-Strophen-Hymnus* aus dem Ende der 18. Dynastie. – Und da heißt es in der neunzigsten Strophe in einer hymnischen Verherrlichung des höchsten Gottes:

Du bist als erster erschienen und hast den Anfang begonnen.
...
Seine Gestalten erstrahlten, als er beim ersten Mal aufging,
und alle Wesen beteten zu seiner Macht.
Er ließ seine Stimme gackern als der große Gackerer und Schnatterer
in dem Gelände, das er geschaffen hatte, als er noch allein war.
Er begann mit dem schöpferischen Sprechen in dem Raume des Schweigens.

Er öffnete jedes Auge, damit er sie sehen ließe.
Er fing mit dem Rufen an, als die Erde noch in Schweigen lag,
sein Geschrei lief um, als noch kein zweiter vorhanden war.
Er brachte das Seiende hervor, damit er sie leben ließ,
er bewirkt, daß jedermann den Weg des Kosmos kennt zum Gehen.

Dieses Tier, das in dem Hymnus als „der große Gackerer und Schnatterer", somit als Urvogel der Schöpfung erwähnt wird, ist sehr wahrscheinlich eine Nilgans, und insofern wird mit dem

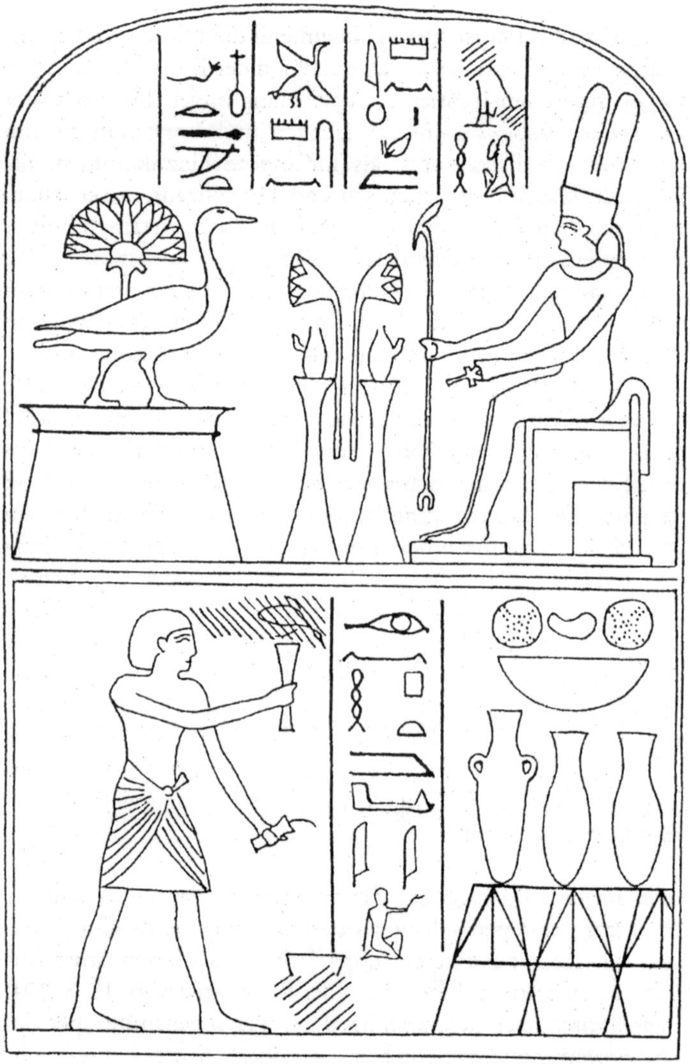

9

Gott Amun dieses Attributtier zu Recht zusammengebracht. Es ist der Urvogel, von dem wir dann noch später im Alten Testament die Nachwirkung vor Augen haben, daß er in Gen 1,2 über dem Chaos *flattert* und diese noch bodenlose Vor-Welt zusammenhält und vor dem Abrutschen ins endgültige Nichtsein bewahrt.

Das Attributtier ist also in diesem Fall die Nilgans, so daß die Nilgans vielleicht das erste Tier ist, das in der Kette der Tiere, die den Geistgott repräsentieren, den Anfang bildet, bis hin später zur Taube, wobei andere Erwägungen und Vorstellungen von der Taube als Liebesvogel, als Liebesbote hinzukommen, die aber nicht ursprünglich ägyptisch sind. Die Nilgans, dieser schöpferische Urvogel, ist wahrscheinlich eben dieses erste Symboltier für die pneumatische Wirklichkeit Gottes.

Das hat man auch in der Religionsgeschichte Ägyptens immer wieder empfunden. Die Verehrung der Amunsgans hat denn auch ihre Spuren in der Ikonographie der Stelendekoration hinterlassen. So ist in einer Doppelszene (Abb. 9) oben Amun-Re auf dem Thron sitzend dargestellt und links — auf einem Sockel — die Amunsgans als sprechendes Attribut des thebanischen Hochgottes. Im unteren Register erweist der gläubige Ägypter der göttlichen Hoheit seine Reverenz im Kult. Ebenfalls einen Verehrer, diesmal mit erhobenen Händen, zeigt eine Darstellung der Amunsgans (Abb. 10, S. 102), die im Auffliegen begriffen ist bzw. sich eben herabsenkt, wie dies für den Urvogel der Schöpfung gilt, ihrerseits begleitet von zwei Ziegen. Der Urvogel der Schöpfung präsentiert sich im oberen Register einer Szenerie (Abb. 11, S. 103), die ein gegenständiges Paar Amunsgänse vorweist und in der Mitte Lotosblüten, das pflanzliche Symbol des Ursprungs und der ständigen Regeneration, erkennen läßt, unterhalb einer Serie von Eiern, denen die Schöpfungsvielfalt innewohnt und entstammt.

Auch auf dem Boden Palästinas hat man mit der Verehrung der Amunsgans eine persönliche Gottesbeziehung verbunden. Kommen wir daher zu unserem doppelseitig dekorierten Stück aus Südpalästina zurück. Es zeigt auf der Rückseite (Abb. 12, S. 104) einen Spruch, der kennzeichnend für die sogenannte „persönliche Frömmigkeit“ ist. Die hier eingravierte Sentenz ist ein sehr

10

guter Fingerzeig, um zu verstehen, was man in der Amunstheologie, in der Geisttheologie dieser alten Zeit, zum Ausdruck bringen wollte.

Es handelt sich um eine sogenannte Amunsdevise, d. h. eine Art Stoßgebet, mit dem ein gläubiger Verehrer des Gottes sein Vertrauen zum Ausdruck bringt. Der Text beginnt mit einem Negativausdruck, um alsdann die Exklusivität der Beheimatung bei Amun zu betonen: *Es ist nicht zu finden* (oder *gefunden worden) ein Zufluchtsort für mein Herz außer bei Amun-Re.* Das Wort *jb* steht für *Herz,* das von den Ägyptern als Mitte des Menschen empfundene Organ.

Die Devise *Für mein Herz gibt es keine Zuflucht außer bei Amun-Re* kann als die sprechendste und persönlichste aller Ausdrucksformen der späten Religiosität Ägyptens betrachtet werden.

Dies ist also eine durchaus respektable Wendung, und niemand würde sagen, daß man sie als Christ nicht in den Mund nehmen könnte. Gut, man wird nicht Amun-Re sagen, aber den höchsten Gott meinen: *Es gibt keine Zuflucht für mich* — keine letzte Zuflucht — *als Gott.* Das bekannte Augustinuswort vom unruhigen Herzen drängt sich unmittelbar in den Sinn. Eine für die ägyptische Religion der privaten Frömmigkeit kennzeichnende Position, die man nicht ernst genug nehmen kann und die zugleich zeigt, daß die Verehrung des Geistgottes Amun gerade nicht die Verehrung einer imaginären Wirklichkeit war, die vom tatsächlichen Leben abgehoben ist, einer „rein“ geistigen, abstrakten Wirklichkeit also, sondern daß man sie als durchaus belebende und begleitende göttliche Wirklichkeit begriffen hat.

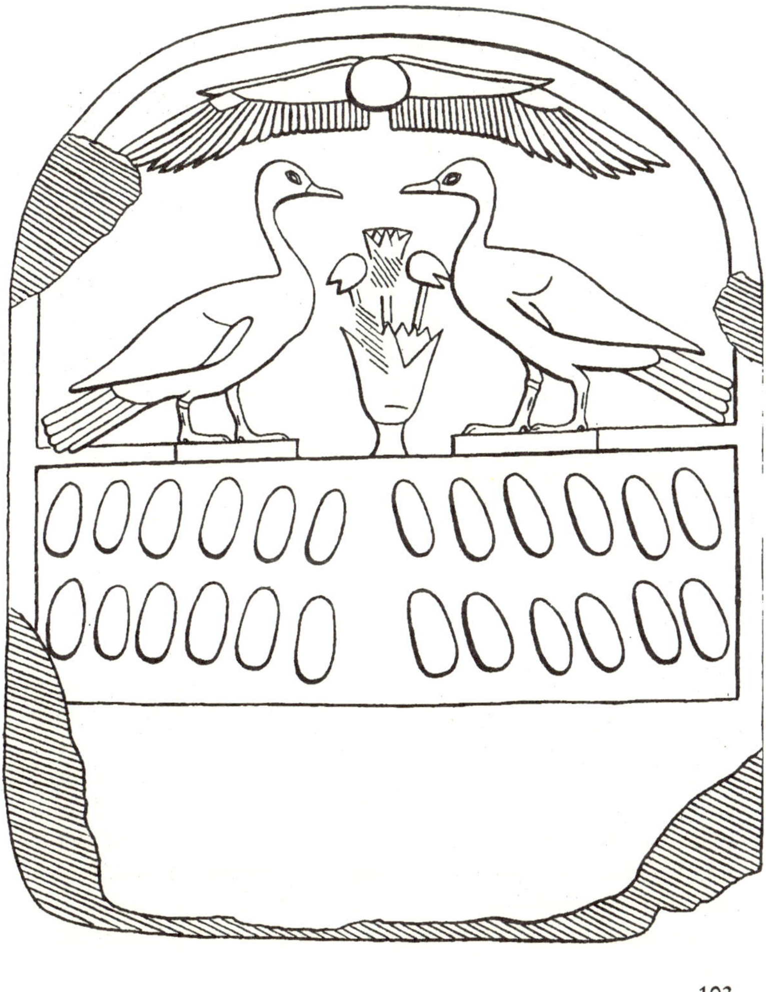

11

Was auf den beiden Seiten dieses kleinen Objekts steht, ist gewissermaßen eine Zusammenfassung des religiösen Bekenntnisses. Man bekennt sich zum Prinzip des Guten und Lebensfreundlichen. Man bekennt sich zur Geistwirklichkeit als der wahren vitalen Kraft, die alle Schöpfung durchströmt. Ich glaube, das ist so elementar für religiöses Denken überhaupt, daß wir daran nicht achtlos vorbeigehen sollten.

12

3.11 „Geist" und „Bild" Gottes: „Tutanchamun"

In dem Kapitel, das ich überschrieben habe: „Bilder vom Schöpfergeist", ging es im Anschluß an Gen 1,2 darum, den Geist Gottes und sein Wirken in die Schöpfung hinein von der Bibel und von der Religionsgeschichte her zu beleuchten. Die Orientierung an Gen 1,2 ist nicht nur ein „Aufhänger" gewesen, sondern erscheint jetzt auch in einem neuen Licht, denn die Religionsgeschichte lehrt uns, daß die Rede vom Schöpfergeist eine Rede ist, die die Auffassung vom Kosmos insgesamt im Unterschied zum Chaos charakterisiert. Wir haben gesehen, daß der Schöpfergeist der Garant dafür ist, daß die Welt nicht wieder ins Chaos zurückfällt. Der Schöpfergeist eröffnet zugleich in Verbindung mit dem göttlichen Wort den Raum und die Zeit des Lebens. Er steht also grundsätzlich da als der Initiator und Stifter von Leben in einem universalen Sinn. Ich muß die Rede von dem Schöpfergeist so hervorheben, weil wir Christen uns mehr daran gewöhnt haben, den Schöpfergeist in bezug auf die menschliche Wirklichkeit herauszustellen und zu betonen, so als ob der Schöpfergeist ausschließlich dazu da sei, das menschliche Leben zu inspirieren, die menschliche Gesellschaft, das menschliche Miteinander bis hin zu den spezifischen Ausprägungen in den kirchlichen Gemeinschaften und der Kirche überhaupt.

Der Blick auf das Alte Testament und die Religionsgeschichte lehrt uns, bewußter mit dem Gedanken umzugehen, daß der Geist Gottes in der Schöpfung insgesamt das maßgebende Prinzip ist. *Ich glaube an den Schöpfergeist* heißt also: Ich glaube an den Geist Gottes, der für Welt und Umwelt die nötigen Voraussetzungen und Bestandsgarantien gibt, der dies alles ins Leben gerufen hat, die Ermöglichung *allen* Lebens bedeutet – nicht nur des menschlichen Lebens. In dieser Überzeugung gründet letzten Endes, daß menschliches Leben eingebettet ist in das Leben dieser Welt überhaupt, ja in den Bestand dieser Welt. Jede Abtrennung des Menschen von der übrigen Schöpfung ist von dorther nicht legitimiert. Unsere Beziehung auf den Geist Gottes ist ein Ja zu jedwedem Leben in dieser Welt, ob es tierisches, pflanzliches Leben ist oder materielles „Leben", wie dies auch immer beschaffen sei. Überall dort, wo Bewegung ist, wo Stagnation ausgeschaltet ist, überall, wo sich etwas bewegt – da ist der Geist Gottes zu Hause. Und dies ist zugleich *der* Widerstand schlechthin gegen Unbeweglichkeit und Erstarrung, gleichzeitig aber auch gegen ein bloßes chaotisches Durcheinander.

Die Rede vom Schöpfergeist haben wir an Gen 1,2 festgemacht. Wir können natürlich auch andere Belege aus der biblischen Literatur hinzunehmen, besonders aus der poetischen Sprache der Psalmen. Ich will diesen Gedanken und diese Bezüge hier nicht überfrachten, möchte aber im Anschluß an Gen 1,2 doch eine Brücke bauen zu der Rede vom *Bild Gottes* in Gen 1,26–28. Das ist mir deswegen wichtig, weil wir jetzt im dritten Teil unserer Überlegungen über den Geist Gottes in bezug auf den Menschen sprechen müssen. Wenn wir ihn schon betrachtet haben als Schöpfergeist schlechthin, hat er dann noch eine besondere Funktion am Menschen? Verändert er den Menschen? Beauftragt er den Menschen, befähigt er ihn? Und wozu? Auch da sollten wir sowohl auf die Bibel schauen, und zwar speziell und exemplarisch auf das erste Kapitel der Bibel, wie auch auf die religionsgeschichtlichen Implikationen. Denn auch da können wir fündig werden, was die Begleitung des Geistgottes angeht, soweit der Mensch sie genießen kann. Bauen wir also zunächst einmal eine Brücke von der Rede vom Geist Gottes, der in Vogelgestalt über dem Abgrund schwebt oder *flattert*, hin zu der Menschenschöpfung in Gen 1,26–28.

Diese Verbindung ist von der sprachlichen Seite her legitimiert, weil – wir haben darauf schon im Zusammenhang mit den Trinitätsüberlegungen hingewiesen – nur zwei Wortfügungen in Gen 1 den Ausdruck *Elohim* enthalten, also *Gott*. Zunächst haben wir ja in Gen 1 die absolute Rede: *Gott schuf Himmel und Erde*, oder genauer: *Im Anfang, als Gott Himmel und Erde erschuf...* Da steht *Elohim* ohne ein Beiwort, ohne eine Wortfügung. Die erste Fügung, in der das Wort *Elohim* auftaucht, ist *Geist Gottes*, Gen 1,2. Die zweite Fügung ist *Bild Gottes*, Gen 1,27: *Als Bild Gottes schuf er den Menschen...* Und diese Verbindung ist nicht umsonst analog zu der Rede vom *Geist Gottes* gewählt, weil sie deutlich macht, daß Gott mit seiner Wirkkraft des Geistes auch präsent ist in der Wirklichkeit des Menschen. Der göttliche Geist ist manifest auch in der Menschenschöpfung und gerade in der Menschenschöpfung. *Geist Gottes* und *Bild Gottes* als parallele Ausdrücke sind aufeinander bezogen – Geist und Bild. Die göttliche Wirklichkeit findet ihr Abbild im Menschen – einschließlich gerade dieser Geistpotenz. Der göttliche Geist in Verbindung mit dem Wort macht sich präsent in diesem *Bild Gottes* auf Erden, nämlich dem Menschen.

Ich kann hier nicht die gesamten religionsgeschichtlichen Informationen hinzunehmen, die uns die Rede vom *Bild Gottes* vor Augen führen. Aber die Rede von der Gottebenbildlichkeit im Alten Testament ist ein auswärtiges Erbe, das im Königtum Israels zum Tragen gekommen ist. Ursprünglich ist es außerhalb Israels der König, der *Bild Gottes* ist, und zwar nur der König. In Israel sind es nicht nur Könige, sondern alle Menschen. Das ist der entscheidende Durchbruch, der auf palästinischem Boden in Israel geschehen ist. Man spricht auch von einer „Demokratisierung", besser wäre vielleicht „Monarchisierung" oder „Verköniglichung" des Menschen, so daß der Mensch nunmehr — und zwar jeder Mensch — als *Bild Gottes* königliche Würde annimmt, und zwar so, daß auf ihm der *Geist Gottes* ruht.

Wir können diese Parallelität noch weiterführen, wenn wir sagen, daß der *Geist Gottes* über dem Abgrund schwebt und diese Welt vor dem Abrutschen in die Bodenlosigkeit bewahrt. Wenn dieser *Geist Gottes* in Verbindung mit dem göttlichen Wort Lebensraum und Lebenszeit eröffnet, dann haben wir die Abbildhaftigkeit des Menschen vor Augen, der ebenfalls dazu berufen ist, Lebensraum und Lebenszeit mitzugestalten, sozusagen als Stellvertreter dieses Gottes und in der unmittelbaren Funktionsähnlichkeit dieses Gottes, wie auch immer die Umschreibung des Ausdruckes *Bild Gottes* gelingt und geleistet werden mag. Der Mensch hat also eine ähnliche Funktion wie der göttliche Geist. Er ist zum Ordnen berufen, er ist zum Sinnstiften berufen, zum Widerstand gegen das Chaotische und schlechthin zu der Befürwortung des Vitalen und des Lebendigen rundum. Und diese seine besondere Verantwortung gilt — ebenso wie beim *Geist Gottes* — nicht nur den Menschen, sondern den Tieren, den Pflanzen und der Welt überhaupt. Er fährt sozusagen auf demselben Gleis — wenn ich einmal dieses höchst unvollkommene Bild nehmen darf —, er fährt also auf demselben Gleis, das dieser Geistgott nutzt, der auf dem Weg zu den Menschen ist, aber nicht nur zum Menschen, sondern zur Schöpfung, zur Welt insgesamt, um sie am Leben zu erhalten. In dieser Parallele dürfen wir denken, weil sie uns von der sprachlichen Gestalt des Textes her nahegelegt wird — *Geist Gottes* in Parallele zum *Bild Gottes.*

Aus der Religionsgeschichte darf ich einen Gedanken hinzufügen. Wir haben uns über den Gott Amun verständigt, der der Inbegriff der Personifizierung des Geistes Gottes in vorchristlicher Zeit ist. Noch in ptolemäischer Zeit kann der König in Ägypten das *lebendige Bild des Gottes Amun* heißen. Das ist die religionsgeschichtliche Vorgabe: Der König ist das lebendige Bild des Geistgottes Amun — so noch auf dem berühmten Stein von Rosette, der zur Entzifferung der Hieroglyphen Entscheidendes beigetragen hat. Der Stein von Rosette spiegelt also ägyptische

Königsideologie, die sehr alt ist und noch bis in die römische Zeit fortwirkt, diese Königsideologie, in der der König als lebendiges Bild Amuns gelten kann. Das erinnert uns natürlich auch an den bekannten Namen *Tutanchamun. Tut-anch-amun* bedeutet *lebendiges Bild des Amun.* Das heißt, der König ist tatsächlich die Verkörperung oder die Funktionsentsprechung zu dem, was *Geist Gottes* bedeutet. In Israel nun ist diese besondere Bevorzugung — ich sage es noch einmal — nicht auf den König eingegrenzt, sondern sie gilt für alle Menschen, die damit einer ganz speziellen Verantwortung zugeführt werden. — Vielleicht ist dies unserem christlichen Bewußtsein noch nicht genügend klar, daß wir nicht den Menschen in eine mißverständliche Rolle hineinfügen, um ihn zur „Krone" aufzuwerten, zur „Krone der Schöpfung". Natürlich spielt er eine besondere Rolle mit seinem Bewußtsein und der Verantwortung, die ihm übertragen ist. Aber er ist Teil der Schöpfung, er ist angewiesen auf die Schöpfung, auf alles Natürliche, auf alles, was Leben heißt.

3.12 Der Eine, der sich zu Millionen machte

Den Abschluß dieser Betrachtungen sollen einige Proben aus den Hymnen aus der berühmten Oase Charge im Bereich der Libyschen Wüste bilden. Diese Oase hat in der sogenannten Perserzeit einen Tempel bekommen, dessen Wände reich dekoriert wurden. Wir finden dort auch einen groß angelegten Hymnus auf den Gott Amun. Da heißt es etwa:

Du bist Amun…,
Der Eine, der sich zu Millionen machte…
Du bist es, der seinen Leib formte mit seinen eigenen Armen,
in jeglicher Gestalt, die er wünschte…
Groß ist seine Vortrefflichkeit, und seine Arbeit,
die er damals getan hatte, bleibt und dauert;
Er vergeht nicht in Millionen und Abermillionen Jahren
ewiglich…
Solange er währt, währt er
beim Auf- und Untergehen Tag für Tag…
Du bist Amun…

du bist höher als alle Götter.
Du bist heilig-unantastbar an Gestalt in den vier Winden des Himmels...
Der im Luftraum lebt bis zur Grenze des Himmelskreises,
er tritt ein in alle Bäume,
und sie werden lebendig in den schwankenden Zweigen.
Seine Kraft ist wilder als jedes Raubtier,
der Gewaltige, wenn er den Himmel in Zorn bringt und das Meer in Streit versetzt –
sie beruhigen sich, wenn er friedlich wird...
Amun..., der im Luftraum einherfährt
und den Himmel von der Erde trennt:
er bleibt in allen Dingen,
das Leben, durch das man lebt, immerdar.

Oder:

Er ließ ihnen den Lebensunterhalt wachsen in ihren Ländern...
Er schied die Länder und zog ihre Grenzen,
und sie essen von der Nahrung...
öffnete ihre Nasen, gab Luft ihren Kehlen...
Er ließ die Gänse auffliegen im Luftraum,
und sie schweben nieder auf dem Hauch seines Mundes.
...
der Geheime, dessen Geheimnis man nicht kennt!...
Du läßt deine Strahlen aufspringen am Morgen...
Du bist der Himmel, du bist die Erde, du bist die Unterwelt,
du bist das Wasser, du bist die Luft zwischen ihnen.
Heil dir, du Schöpfer, der nicht ermüdet,
der bewahrt, was ist und was nicht ist,
du hältst sie am Leben, wie du sie geschaffen hast.

Göttlicher Gott, der sich selbst formte,
der Himmel und Erde erschuf mit seinem Herzen...
Die unendliche Zeit kommt unter der Last seiner Stärke,
der reicht bis ans Ende der unvergänglichen Dauer...
Man verbringt den Tag, ihn anzuschauen, und wird seiner nicht satt

Alle Wildtiere tanzen vor ihm,
die Vögel schlagen mit ihren Flügeln.

Sie erkennen ihn zu seiner schönen Stunde,
sie leben auf bei seinem Anblick täglich.

Das sind nur einige Proben dieser Bildsprache, die für die Theologie noch längst nicht ausgewertet ist. Man könnte mit einer stärkeren Verbildlichung der Rede vom „Geist Gottes" sehr viel gewinnen, um auch die biblischen Geistvorstellungen in das aktuelle Bewußtsein der Gläubigen hineinzubringen, sie eben nicht als lebensferne Theologie von Theologen zu verfremden.

III. Teil

Bilder vom Lebensgeist

1. Geist und menschliches Leben

1.1 Geistträger

Wenn wir jetzt einen weiteren Schritt tun und die Geistnatur des Menschen, die Geistbeladenheit oder gar Geistbesessenheit des Menschen bedenken, wollen wir uns zunächst den einzelnen Gestalten widmen, die nach dem Alten Testament besondere „Geistesträger" sind. Ich denke da vor allen Dingen an die Ekstatiker und die Propheten. Zum anderen wollen wir uns den Gemeinschaften widmen, denen der Geist Gottes nahe ist. Wir fassen etwas Entscheidendes ins Auge, wenn wir die menschliche Trägerschaft bedenken, und es geht uns dabei eben auch um die Gemeinschaften, die vom Geist her leben, auch um die Gemeinschaft, die wir Kirche nennen. Denn auch da bedarf es eines Rückblicks auf das Alte Testament und auf die Religionsgeschichte, inwieweit nämlich vom Geist Gottes geprägte Gemeinschaften die Strukturen hergeben, auf die sich dann das, was wir im christlichen Raum Kirche nennen, beziehen kann. Eine vom Geist formierte Gemeinschaft, eine von dem Glauben an das Lebensprinzip geprägte Einigung gibt es auch im vorchristlichen Raum. Darüber kann uns die biblische und außerbiblische Religionsgeschichte belehren.

Wenn man in die einschlägige Literatur hineinschaut und sich den Bedeutungsbereich von *Geist Gottes* noch einmal vor Augen führt, findet man immer wieder eine Zweiteilung zwischen dem kosmischen Aspekt und der anthropologischen Seite. Diese Scheidung wird unter anderem mit der These begründet, daß das hebräische Wort *Ruach* von Haus aus zwei Bedeutungen habe. Die gängige Meinung, beispielsweise im *Theologischen Handwörterbuch zum Alten Testament,* ist die, daß am Anfang die Bedeutungen *Wind* — das sei der kosmische Aspekt — und *Atem* — der anthropologische Aspekt — stehen. Ob diese beiden Aspekte allerdings auseinanderdividiert werden können, das halte ich für sehr zweifelhaft. Ich würde sogar sagen, daß eben der kosmische Aspekt die absolute Voraussetzung dafür ist, daß wir überhaupt von einem anthropologischen Aspekt reden können. Der Geist als Atem ist gebunden an die Vorstellung vom „Wind Gottes". Das Atmen, das Hauchen, der Lebensstrom ist eingebettet und zutiefst verknüpft mit der „Luft" und dem „Wind", dem „Sturm Gottes". Das kann man ohne weiteres auch auf die Verbindung des Wortes *Ruach* mit *Elohim* beziehungsweise *JHWH* übertragen. Eine strikte Trennung dieser beiden Ebenen — „Wind Gottes, Luft Gottes" und „Atem Gottes"— ist nicht möglich. Der Mensch ist demnach in seiner Substanz so wie der Geist Gottes mit dem Kosmos und dem Leben überhaupt verknüpft.

1.2 „Retter" und „Richter"

Der Geist Gottes spielt in den Geschichtserzählungen des Alten Testaments insofern eine besondere Rolle, als sein Eingreifen oder seine Wirksamkeit gerade dort bemüht wird, wo es um die Rettung Israels in bedrohlichen Situationen geht. Man spricht in diesem Zusammenhang von einer Rettung, einer charismatischen Rettung, die durch eine Gestalt erfolgt, die in der israelitischen Überlieferung bewahrt ist, an die man sich also zurückerinnert, wobei diese Personen vor allen Dingen in der Zeit der allmählichen Etablierung in Palästina angesiedelt werden. Denken wir in diesem Zusammenhang etwa an die Taten eines Gideon oder eines Simson! Die Gestalten des Alten Testaments, die eine besondere Rettungsfunktion haben und die man deshalb als „Retter" bezeichnet, sind allerdings nicht sämtlich identisch mit den „Richtern". Die „Richter" erfüllen eine breitere und administrativ umfassendere Aufgabe, und sie werden auch aus späterer Sicht in ihrer Funktion ausgeweitet, während die „Retter" zunächst Gestalten sind, die als charismatische Figuren für Israel — in erster Linie aber für Einzelstämme — in einer bestimmten Notsituation eine bedeutende Rolle spielen. Dennoch sind alle Richter auch als Retter zu verstehen.

In diesen Erzählungen wird nun immer wieder auch der Geist Gottes ins Spiel gebracht. Nehmen wir als Beispiel die Erzählung im Buch der Richter, Kap. 3,8–11, in der es um den Richter

Otniel geht. Diese kurze Darstellung hat die Funktion eines Beispielstücks, da in ihr das Charakteristische über einen Richter als Retter gesagt wird. Von Otniel heißt es, daß in der besonderen Notlage, in der Israel sich befand und zu JHWH flehte, der Geist Gottes über ihn kam. Dies ist nun eine stehende Wendung, daß der Geist Gottes herabkommt, gelegentlich auch „herabfällt" auf jemanden, so wie ein Sturmwind herabfällt. Es erinnert an einen der Deutungsversuche des Gottesnamens JHWH, der ja möglicherweise ursprünglich dieses Herabwehen und Herabstürmen zum Ausdruck bringt, wenn man die ältere Entwicklungsphase und Deutungsphase dieses Namens bedenkt. Der Geist Gottes ist in den Rettererzählungen die Instanz, die den „Retter" als Charismatiker befähigt, einen Stamm in der Notsituation zu begleiten. So jedenfalls drücken sich die Erzählungen aus, die beispielsweise von Gideon handeln oder auch von Saul, dem ersten „charismatischen König". Denn Saul wird noch mit all den Prädikaten ausgestattet, und von ihm wird so erzählt wie von einem „Retter", der zugunsten Israels auftritt und die Notsituation der Bedrohung durch die Philister beseitigen soll, was ihm leider nicht vollständig gelungen ist.

Wieweit wir nun diese Rede vom Geist Gottes als „Nothelfer" in die vorexilische Zeit bis vielleicht in die vorstaatliche Zeit hinein, um die ja diese Texte kreisen, zurückverfolgen können, das ist in der Forschung noch eine offene Frage, denn die Texte, die uns vorliegen, sind großenteils jüngeren Datums und erst in der fortgeschrittenen Königszeit, wenn nicht gar in der Exilszeit entstanden, in der man ohnehin viel stärker von der Wirklichkeit des Geistgottes sprach. Wieweit wir also diese geprägte Rede von der Funktion und der Initiativkraft des Geistes Gottes in sogenannte vorstaatliche Zeit zurückverfolgen können, das müssen wir offenlassen.

1.3 Geist und Krieg

Eine Möglichkeit näherer Einsicht in die frühen Auffassungen vom Wirken des göttlichen Geistes besteht etwa, wenn man die alte Vorstellung vom sogenannten „Krieg JHWHs" heranzieht. Diese besagt, daß nicht der Mensch mit seinen Waffen und seinen strategischen Überlegungen zum Erfolg kommt, sondern daß es ausschließlich JHWH mit seinen Mitteln, die aus der Sicht des Menschen wunderhafter Natur sind, schafft, die jeweilige Notsituation zu beseitigen. Dieses Material dürfen wir nicht so interpretieren, als handle es sich um einen „heiligen Krieg" etwa im Sinne des islamischen Dschihad. Es geht vielmehr um die ausgesprochen auf Gott bezogene, im Glauben verankerte Vorstellung, daß es keinerlei menschlicher Machtinstrumente für die Rettung bedarf. Als Beispiel dafür möge die berühmte „Anti-Kriegsrede" des Mose im Buch Exodus Kap. 14,13f genannt werden, die im Zusammenhang mit der Verfolgung durch die Ägypter zitiert wird und die zum Inhalt hat, daß Israel sich still verhalten und ruhig bleiben möge:

Mose aber sagte zum Volk:
Fürchtet euch nicht!
Bleibt stehen
und schaut,
wie JHWH euch heute rettet.
Wie ihr die Ägypter heute seht,
so seht ihr sie niemals wieder.
JHWH kämpft für euch,
ihr aber könnt ruhig abwarten!

Kein Aufruf also zu strategischen Überlegungen oder zum Ergreifen der Waffen, sondern ein Aufruf, still zu sein und sich auf Gott zu verlassen, der die Situation schon ändern werde. Diese Predigt des Mose beruht wahrscheinlich – obwohl auch hier die Dinge nicht unumstritten sind – auf einer vorexilischen, vielleicht sogar sehr frühen Tradition in der Literatur, die den Exodus Israels aus Ägypten in Erinnerung belassen will. Allerdings – vom Geist Gottes redet der Text mit keinem Wort.

Denkbar ist jedoch, daß in Zusammenhang mit diesen Erzählungen vom „Krieg JHWHs" auch die Rede von der Wirksamkeit des Geistes Gottes geboren wurde: daß man sich an einen Menschen, einen begabten Charismatiker, um ein Orakel wandte, bevor man daran ging, sich zu verteidigen oder auch einen Weg zu beschreiten, der für die politische Orientierung wichtig werden sollte, wie etwa die Installation des Königtums als neue Institution in Israel. Ein solcher Charismatiker war gewissermaßen ein Vermittler, ein „Auskunftsorgan", bei dem man sich Sicherheiten holen wollte. Vielleicht hat man schon früh einen solchen Helfer bei der Entscheidungsfindung als einen Geistträger betrachtet, der verbindliche Informationen über das geben kann, was für Israel wichtig ist. Vielleicht hat man gerade die Wächter am Heiligtum als begnadete Informanten betrachtet, als wissende Menschen, von denen man Aufschluß über existentielle Fragen und Schicksale erhoffte (vgl. die Rolle des Priesters Eli in 1 Samuel 1–3). Dennoch: Als ausgesprochene Geistträger treten auch die Mittler und Anwälte des göttlichen Willens nicht ausdrücklich in Erscheinung.

Diese Rolle von Charismatikern im Zusammenhang mit strategischen Überlegungen, die allerdings immer wieder darauf hinausliefen, JHWH den Vortritt zu lassen und ihm allein die Geschichtsmächtigkeit zuzugestehen bei allen Maßnahmen, die Israel selbst unternimmt und unternehmen sollte, um sich zu behaupten — diese Rolle deutet darauf hin, daß aus der Funktion des charismatischen Menschen das Prophetenamt herausgewachsen ist, also ein Amt, das für das öffentliche Leben Israels über die Jahrhunderte hinweg von Bedeutung war, besonders in seinen ausgeprägten, exemplarischen Gestalten, den großen Propheten. Dieser „Berufsstand", wenn man so will, dieses Prophetentum, das später in engster Liaison mit dem Geist Gottes verstanden wurde, befand sich zumeist in einem gespannten Verhältnis zu den politischen Institutionen Israels. Die ältesten Anknüpfungspunkte für diese Rolle des Propheten könnten also möglicherweise die Funktion der Orakelgeber im Zusammenhang mit dem „Krieg JHWHs" gewesen sein. Ich sage bewußt: *können*, denn die neuere kritische Betrachtung der einschlägigen Texte muß uns da eine gewisse Vorsicht auferlegen, weil wir nicht ohne weiteres sicher sein können — im Gegensatz zu früheren Auslegungen —, daß diese Texte auch wirklich in die allerälteste Zeit Israels zurückverweisen.

Aber es gibt auch einen religionsgeschichtlichen Anknüpfungspunkt, der uns da wieder etwas optimistischer sein läßt. Denn ausgerechnet der uns jetzt „vertraute" Gott Amun, der berühmte „Geistgott", tritt schon im 12. Jahrhundert nach Zeugnissen, die wir aus Palästina gewinnen — ich darf an die Skarabäen erinnern —, als eine Instanz in Erscheinung auf, die im Hintergrund jedweder Auseinandersetzung mit dem Gefahrenpotential für Leib und Leben steht. Er ist der Wegbereiter und Garant dafür, daß Menschen sich gegenüber dem Chaotischen behaupten können. In dieser religionsgeschichtlichen Sicht kann man letzten Endes auch die Vorstellung vom „Krieg JHWHs" unterbringen und von der Rolle, die die Geistwirksamkeit dabei spielt, wie auch immer konkret die Zusammenhänge aussehen mögen. Wenn wir aber wissen, daß bereits der Geistgott Amun der Initiator und der Begleiter für die Vorstellung ist, daß Menschen das Chaos zu überwinden vermögen, dann können wir uns denken, daß in Israel gerade dieser Gedanke intensiviert und ausgeleuchtet, vertieft worden ist, daß im Kampf gegen die lebensfeindlichen Mächte, die den Aufenthalt und das Lebenkönnen Israels in Ruhe und in gesicherten Grenzen gefährden, der Geist Gottes beschworen werden konnte, der Geist Gottes, der nunmehr natürlich aus dem Blickwinkel Israels der Geist JHWHs ist und der Rolle des Amun im außerbiblischen Umfeld entspricht, diese Rolle jedoch extensiv ausweitet und vertieft. Denn auch in der Umwelt Israels — das müssen wir neidlos feststellen — hat man den höchsten Gott, den verborgenen und den tiefen Gott auch als Lenker der Weltgeschichte aufgefaßt, und man hat ihm ebenfalls zugetraut, daß er Erfolge der Völker garantiert. Und so steht JHWH aus der Sicht Israels als Gegenstück zu Amun da, übernimmt gewissermaßen die Prädikate dieses Geistgottes Amun und stellt sich selber im Raum Israels als die Instanz vor, die die Geschicke Israels in der Hand hält und die Geschichtsmächtigkeit symbolisiert. So mag es sein, daß man mit dem Namen und der Vorstellung JHWHs selbst seine „Geisthaftigkeit" verbunden hat, ohne diese anfangs eigens zu benennen. Wie Amun für die pneumatische Wirklichkeit steht, kann nunmehr JHWH als Garant für die vitale Mächtigkeit und Ermächtigung, als Geistmacht schlechthin gelten.

1.4 Ekstatiker

Der eine wichtige Aspekt ist also: *Geist Gottes* in Verbindung mit der Vorstellung vom sogenannten „Krieg JHWHs". Der Geist ist es, der lebendig macht und am Leben erhält, auch in dieser Perspektive, die möglicherweise tiefe religionsgeschichtliche Wurzeln hat. Die andere Seite, eng mit den besagten Zusammenhängen verbunden, ist die Vorstellung, daß der *Geist Gottes* mit dem Auftreten des Ekstatikertums zu tun hat. Ekstatiker — also Leute, die „aus sich heraustreten", um den Begriff einmal wörtlich zu interpretieren —, die außer sich geraten können, sind nicht nur in Israel, sondern auch im außerbiblischen Umfeld bezeugt. Aber es sieht so aus, als hätte insbesondere Kanaan-Palästina die Erscheinung des Ekstatikertums in besonders ausgeprägter Weise gekannt. Auch in den späteren Religionen finden die Ekstatiker natürlich ihren Platz: Sie haben ihren feste Verankerung im Judentum, im Christentum und auch im Islam. Es sind Menschen, die, erfüllt vom Geist Gottes, in Bewegung, in Ekstase, geradezu in Raserei geraten. — Wie ist es näherhin mit den Ekstatikern in Israel bestellt?

Im Zusammenhang mit seiner Vorbereitung auf das charismatische Königsamt wird Saul von Samuel nach 1 Samuel 10 mit derartig extravaganten Prophetengruppen zusammengeführt. Da heißt es: *Wenn du* — so spricht Samuel zu Saul —, *‚wenn du in die Stadt hineingehst, wirst du eine Schar von Propheten treffen, die von der Kulthöhe herabkommen, und vor ihnen wird Harfe, Pauke, Flöte und Zither gespielt. Sie selbst sind in prophetischer Verzückung. Dann wird der Geist JHWHs über dich kommen, und du wirst wie sie in Verzückung geraten und in einen anderen Menschen verwandelt werden. Wenn du all diese Zeichen erlebst, dann tu, was sich gerade ergibt, denn Gott ist mit dir.* (1 Samuel 10,5–7)

Diese Rede Samuels an Saul kennt also eine Nachbarschaft zwischen dem Ekstatikertum der Prophetengruppen und der Herabkunft des Geistes Gottes, von dem auch Saul erfaßt wird, wodurch er ein anderer Mensch wird, so daß er damit zugleich eine umfassende Befugnis erlangt: *Tu, was sich gerade ergibt, denn Gott ist mit dir.* Die Herabkunft des Geistes Gottes ist also Initiator für den Beistand Gottes schlechthin. Immerhin wird den ekstatischen Prophetengruppen, denen Saul über den Weg läuft, eine geradezu ansteckende Wirkung nachgesagt: *Der Geist Gottes kam über Saul, und Saul geriet mitten unter ihnen in prophetische Verzückung* (1 Samuel 10,10; vgl. auch 1 Samuel 19,23). Als vom Geist Gottes „Befallener" kann Saul nach 1 Samuel 11,6–11 mit Erfolg zu Felde ziehen.

Dieses Zusammengehen von Ekstatikertum und Geistbegabung hat in Israel erst relativ spät deutlichere Züge angenommen. Wer aber bei den großen Propheten auf eine solch ausdrückliche Verbindung setzt, wird sich allerdings enttäuscht sehen. Sicher sind es gerade die Schriftpropheten des 9. und 8. Jahrhunderts, wie Amos und Jesaja, die ihre Berufungserlebnisse mit einer ekstatischen Schau verbinden. Aber ausgerechnet in der literarischen Verdichtung der jeweiligen Berufungen ist noch nicht vom Geist Gottes die Rede. Dennoch, dem Propheten Elija, einem nicht minder bedeutenden Gottesmann des Nordreichs, von dem leider keine Spruchsammlung überliefert ist, wird eine plötzliche Entrückung durch den Geist Gottes nachgesagt (1 Könige 18,12; 2 Könige 2,16). Die Rede vom Geist Gottes gehört so gewiß zu den sprachlichen Deuteformen des Ekstatikertums. Das ekstatische Agieren bedeutet eben eine solche, aus der prophetischen Erfahrung geborene Wandlung, die mehr und mehr als Begegnung mit dem Geist Gottes interpretiert wird. Es handelt sich ja um eine vitalisierende Erfahrung, eine überraschende Begegnung, die den ganzen Menschen erfaßt und in Bewegung bringt. Das Ekstatikersein bedeutet demnach, daß eben nicht nur eine Bewegung des Verstandes stattfindet, sondern daß der gesamte Mensch ergriffen wird. Vom Geist ergriffen sein meint ja ein Durchschütteltsein vom Geist Gottes. Der betroffene Mensch ist auf einmal „entrückt" oder „entführt". Wer vermag dies sonst als die Instanz, die die verborgene und doch so wirkmächtige Seite Gottes vertritt. Der Geist ist präsent, auch wenn er nicht namentlich zitiert wird.

1.5 Ein Geistträger in Kanaan

Der Geist Gottes ist aber auch in dieser Beziehung auf das Prophetentum als Ekstatikertum nicht ohne frühe religionsgeschichtliche Parallele, so daß ich auch hier wieder einen Bogen schlagen darf. Die ägyptische Erzählung von Wenamun — natürlich ein Name, der mit dem Gottesnamen Amun gebildet ist! — stammt aus dem 11. Jahrhundert v. Chr. und handelt von der Reise dieses Mannes von Ägypten nach Palästina. Wenamun kommt aus Theben und hat den Auftrag, aus dem Libanon Holz für die Kultbarke des Amun-Re zu holen. Mit sich führt er ein Kultbild des „Amun des Weges". Wenamun lebt zu einer Zeit, in der man in Palästina nicht mehr viel von Ägypten hielt. Die große Zeit war vorbei. Die damaligen Potentaten in Palästina weigern sich deshalb, den Ägyptern zu Willen zu sein, vor allen Dingen der Fürst von Byblos. Der Hafen von Byblos war aber der Hafen, wo man Zedernholz vom Libanon für die Verbringung nach Ägypten vorbereitete. Der Fürst von Byblos, mit Namen Tjekerbaal, empfängt Wenamun nicht einmal. Aber da tritt, wie die Erzählung sagt, ein Mensch auf, der als Ekstatiker fungiert und der dem Fürsten die Überzeugung vermittelt, daß man Wenamun, der ja ein Bote des Gottes ist, auf gar keinen Fall mißachten oder gar einkerkern dürfe. Man solle seine Botschaft ernst nehmen und seinen Wunsch erfüllen.

Diese Erzählung hat in diesem Punkt sicher etwas aufgenommen, was für kanaanäische Verhältnisse typisch war, nämlich daß es solche Ekstatiker als Orakelgeber gegeben hat. In der Erzählung trägt dieser Mensch keinen Namen, sein Titel, der in ägyptischer Umschreibung *ʿdd ʿ3* lautet, gibt der Forschung große Rätsel auf. Wörtlich bedeutet er eigentlich *„ein großes Kind"*. Waren die Ekstatiker „große Kinder"? Man möchte gar zu gerne wissen, wie denn die ältesten Erscheinungen von Ekstase in Kanaan ausgesehen haben und was für Menschen es waren, die so auftraten. Aber die Übersetzung ist wahrscheinlich nicht richtig, denn das ägyptische Wort für *Kind* ist lautgleich mit einem kanaanäischen Wort, das *Seher* oder *Ekstatiker* bedeutet. Es sieht also so aus, als sei hier ein kanaanäisches Fremdwort in den Text geraten, das leider von den Ägyptern nicht so recht verstanden und mit dem eigenen Wort für *Kind* verwechselt wurde. Es handelt sich demnach wahrscheinlich um eine Bezeichnung für einen Seher, unter anderem dem hebräischen *chozäh* vergleichbar. Der hebräische *chozäh* ist eine klassische Bezeichnung für den Seher oder Charismatiker oder Ekstatiker. Amos nennt sich so, Jesaja nennt sich so: Leute, die ein *chazah* vollziehen, nämlich einen zeitkritischen „Durchblick" haben.

Es sieht so aus, als sei dieser kanaanäische Mann eine Art Prophet gewesen, der in Verzückung gerät und in dieser Verfassung eine verbindliche Weisung geben kann. So können wir vielleicht die Verbindung mit dem Geist Gottes auf diese Erscheinungsform zurückführen und bereits sagen, daß Amun, der in diesem Zusammenhang eine große Rolle spielt als derjenige, der Beistand übt, auch diesen Mann, über dessen Alter wir nichts erfahren, in Bewegung bringt und ihn dazu animiert, Verbindliches zu sagen. Er ist gewissermaßen ein Prophet des Amun. Amun heißt im Zusammenhang dieser Erzählung der „Gott des Weges", damit ist gemeint, daß er ein begleitender, mitgehender Gott ist — auch das gibt es also in außerbiblischer Perspektive. Amun ist nicht nur der verborgene, rätselhafte Gott, sondern als „Amun des Weges" auch der begleitende Gott. Und genau der ist es, der diesen Menschen in Raserei versetzt und ihm eine verbindliche Auskunft gibt, die dann zur Rettung dieses Wenamun führt, der ja für seinen Gott tätig ist.

Das ist vielleicht einer der wenigen Anknüpfungspunkte aus ganz früher Zeit, also aus dem 11. Jahrhundert v. Chr., wo wir sagen können: Hier ist wiederum die Nähe des Geistes Gottes zum Gott Amun spürbar, ja geradezu die Identität des Geistes Gottes mit Amun, so daß wir hier ein Vorbild für das haben, was sich dann innerhalb Israels vollzieht im Zusammenhang mit dem Prophetentum.

1.6 Geist und Wort?

Ich möchte nunmehr mit der Vorstellung kritisch umgehen, als sei es selbstverständlich, daß prophetische Rede auf das Wirken des Geistes Gottes zurückgeht und daß das Wirken des Geistes Gottes sich vor allem in der prophetischen Rede bemerkbar macht. Wir schauen in die Literatur hinein und erfahren immer wieder, daß man der Meinung ist, der Geist Gottes erst befähige den Propheten zur Rede aus dem Widerstand heraus, zu seiner Sozialkritik, zu seiner Kultkritik, überhaupt zu all dem, was er über Gott und Welt zu sagen hat. Wenn wir uns aber das Vorkommen der Rede vom Geist Gottes genauer anschauen, besonders im Blick auf die vorexilische Bezeugung oder — besser — Überlieferung, dann werden wir eines anderen belehrt, denn da scheint das Wirken des Geistes Gottes nicht unmittelbar an das Wort geknüpft zu sein. Das ist uns ja bereits deutlich geworden an dem Auftreten der Ekstatiker, beispielsweise dort, wo Saul nach 1 Sam 10 sich mit den Ekstatikern, den sogenannten „Hofpropheten", trifft, die ja nun ganz und gar nicht eine geistbegabte Rede von sich geben, sondern einfach durch ihre Körperbewegung und möglicherweise durch ihre Art, sich zu gebärden, durch ihr lärmendes Auftreten, aufgefallen sind, so daß man diese Bewegung als solche als Wirkung des Geistes Gottes angesehen hat, aber damit ist keineswegs zwangsläufig verbunden, daß dieses Ekstatikertum dann auch eine besonders engagierte Rede zur Folge haben muß.

Das können wir ein wenig weiterverfolgen, wenn wir an die Charismatiker der vorexilischen Überlieferung denken und da etwa von dem Richter Otniel hören, daß der Geist Gottes auf ihn fiel. Dieser Richter Otniel erscheint nun wirklich nicht als ein sprachgewandter Informant und Meister des Wortes. Jedenfalls läßt der Text davon überhaupt nichts erkennen. — Im übrigen müssen wir dabei natürlich bedenken, daß die wenigen Verse über den Richter Otniel aus dem Richterbuch, Kapitel 3, aller Wahrscheinlichkeit nach nur ein nachträgliches Beispielstück darstellen, das über die Art und Weise informieren soll, wie man sich in der deuteronomistischen Literatur — also aus der Perspektive einer viel späteren Zeit — das Auftreten und die Wirksamkeit eines Richters vorgestellt hat. Das hat nichts mit unmittelbar historischen und sehr frühen Sachverhalten zu tun! Schauen wir uns auf der anderen Seite eine so zwielichtige Figur wie den „Retter" Simson an, diesen Kraftmenschen oder „Naturburschen", der gegen die Philister auftritt und durch seine gewaltigen Körperkräfte Eindruck schindet. Die Erzählung — mit einer ganzen Reihe von Anekdoten und Szenen im Richterbuch 13–16 — redet auch von der Wirksamkeit des Geistes Gottes, der an diesem Simson handelt, genauer ihn „umhertreibt" (13,25). Aber man spürt überhaupt nichts davon, daß dieser Simson nun mit seinem *Wort* Eindruck gemacht hätte. Was Eindruck gemacht hat, sind seine gewaltigen Kräfte: daß er einen Löwen zerreißt und schließlich am Ende, wo er selber nur mehr halb funktionsfähig ist — geschwächt durch die berühmte Szene mit Delila —, noch einmal alles aufbietet, um die Philistergefahr einzudämmen. Aber auch da, wo er sich gegen die Säulen lehnt und das ganze Gebäude, in dem die Philister ihren Sieg feiern wollen, zusammenfällt — da hat Simson kein Wort von sich gegeben, jedenfalls kein prophetisches Wort. Und so bleibt der Eindruck haften: Die Charismatiker, die „Retter“, also Leute, in denen der vitale Geist „rumort“, sind zwar völlig erfaßt von der lebenschaffenden, lebensverändernden und lebensbegründenden Kraft dieses Geistes, aber dieses „Erfaßtsein“ vom Geist Gottes muß nicht notwendig in ein stilisiertes Wort, in ein kritisches Wort münden.

Ich denke, daß das gleiche gilt, wenn wir die Sache von der anderen Seite her betrachten. Die großen Propheten — denken wir etwa an Amos oder an Jesaja —, das sind zwar Meister des Wortes gewesen, und sie haben als individuelle Persönlichkeiten ihren jeweiligen zeitgenössischen „beamteten Kollegen“ gegenüber Widerstand geleistet und sind in Opposition gestanden. Sie haben ein kritisches Wort in Sachen Sozialwesen und Kultwesen riskiert, sie haben möglicherweise auch Verfolgung auf sich genommen. Aber es steht in den Texten kein Wort davon, daß sie der Geist Gottes zur engagierten Rede ermuntert oder befähigt habe. Also auch dort, wo es um das Auftreten der klassischen Propheten des 9. und 8. Jahrhunderts geht, ist überhaupt nicht die Rede von einem etwa selbstverständlichen Zusammenhang der Wirksamkeit des Geistes Gottes mit dem wortgewaltigen Auftreten. So nimmt Amos in seinem immer wieder zitierten Auftreten vor dem Priester Amasja (Amos 7) nicht irgendeine Legitimation durch den Gottesgeist in Anspruch. Und auch bei Jesaja hören wir nichts über eine sonderliche Unterstützung des prophetischen Widerstands durch den göttlichen Geist.

Woher kommt es dann, daß das Wort so sehr mit dem Geist liiert ist, daß wir uns heute Prophetie eigentlich kaum noch anders vorstellen können, als daß darin eben diese ursprüngliche, bewegende, göttliche Kraft wirkt, die einen Menschen befähigt, als Ekstatiker „aus der Rolle zu fallen“ und kritische Worte in die Zeit hinein zu sagen? Das verstehen wir doch wohl richtigerweise unter Prophetie. Prophetie ist ja nicht ein Vorhersagen irgendwelcher Dinge, die irgendwann kommen: Das wäre ja ein sehr verkürzter Begriff von Prophetie. Prophetie ist zunächst: den *Durchblick* haben in die Zeit — ein modernes Wort, *Durchblick,* aber es ist ein sehr treffendes Wort für das, was wirklich entscheidend und merkmalhaft prophetisch ist. *Einen Durchblick durch die Zeit haben* — in Kenntnis dessen, was war, und natürlich in Vorahnung dessen, was kommen wird. Aber das Entscheidende ist der Blick in die Zeit. Davon lebt die große Prophetie. Lebt sie auch vom Geist? Eine augenfällige Verbindung des kritischen Prophetenwortes mit dem Geist Gottes liefert erst die späte Prophetie. Sie hat den „Geist Gottes" entdeckt, die verborgene Kraft Gottes und den schon immer wirksamen Beweggrund für jedes offensive Bekenntnis.

1.7 Geistträger Ezechiel

Wie kommt es, daß Propheten der späteren Zeit, und zwar der exilischen und nachexilischen Zeit, viel selbstverständlicher die Wirksamkeit des Geistes als Voraussetzung für das Wort kennen? Um auch hier den Umschlag etwas zu dokumentieren, verweise ich auf die Prophetie des Ezechiel. Er ist für uns der Prophet, der am allerdeutlichsten den Zusammenhang zwischen der Wirksamkeit des Gottesgeistes und der Ermöglichung des Redens personifiziert. Ich möchte von Ezechiel zunächst aus den Anfangskapiteln einige Verse zitieren, denn gerade die Berufungsvision des Propheten verdeutlicht, wie stark der Geist Gottes der Ermöglichungsgrund für das prophetische Erfahren ist. Denn hier bewirkt der Geist Gottes die Vision, und die Vision ist Voraussetzung für das Sprechenkönnen. Da heißt es zum Beispiel gegen Ende der großen Visionsdarstellung in Kapitel 11:

Dann hoben die Kerubim ihre Flügel, die Räder bewegten sich zugleich mit den Kerubim, und die Herrlichkeit des Gottes Israels war über ihnen. Die Herrlichkeit JHWHs stieg aus der Mitte der Stadt empor. Auf dem Berg im Osten der Stadt blieb sie stehen. Der Geist hob mich empor und brachte mich in der **Vision durch den Geist Gottes** *nach Chaldäa zur Gemeinde der Verschleppten. Dann hob sich das, was ich in der Vision gesehen hatte, empor und verschwand vor meinen Augen. Und ich erzählte den Deportierten alles, was JHWH mich hatte sehen lassen.* (Ez 11,22–25)

Hier wird in aller Deutlichkeit gezeigt, daß die Rede des Propheten in dieser Grenzsituation der Verschleppung und des Exils zusammenhängt mit dem Wirken des Geistes Gottes, der den Propheten den Konnex mit Jerusalem erfahren läßt, ihm die Begegnung mit dem thronenden Gott vor Augen führt, der Ort und Zeit überwindet und der auch im Exil präsent ist. Der Geist hebt den Propheten empor und bringt ihn in die Exilsgemeinde. Das ist eine merkwürdige Assoziation, daß der Geist etwas tut, was eigentlich zunächst gar nicht seine Funktion zu sein scheint: daß er einen Menschen aus seiner Umgebung wegreißt und in eine völlig ferne, sogar negativ belastete Umgebung bringt. Das Exil ist ja in der Geschichte Israels keineswegs von vornherein ein Ort der Rekreation oder der Erneuerung, wenn auch die Erneuerung im nachhinein dem Exil beigegeben wurde und das Exil so verstanden werden konnte: als unverzichtbare Katharsis, als Reinigungsort. Aber zunächst ist das Exil doch Ort der Zerrissenheit und der absoluten Trennung von Palästina, Ort der Katastrophe. Und so ist das Exil ja auch immer wieder benannt worden – bei allen Versuchen, auch etwas Positives darin zu erkennen. Aber immerhin: Der Geist Gottes versetzt den Propheten in die Gemeinde derer, die sein Wort nötig haben. Das scheint mir der wichtigste Gedanke dabei. Der Geist Gottes bewegt den Propheten zur Ermunterung der Menschen, die zu verzweifeln drohen und denen die Situation offenbar keinerlei Hoffnung mehr läßt. Der Geist bedient sich des Propheten als Lebensstifters. So ist gewissermaßen der Prophet der verlängerte Arm des vitalen Gottesgeistes.

1.8 Der Geist der Toten

Diese Funktion des Propheten läßt sich nun an einem Kapitel besonders intensiv aufzeigen, und zwar an dem Kapitel von der Totenerweckung (Ez 37):

Die Hand JHWHs legte sich auf mich, und JHWH brachte mich im Geist hinaus und versetzte mich mitten in die Ebene. Sie war voll von Gebeinen. Er führte mich ringsum an ihnen vorüber, und ich sah sehr viele über die Ebene verstreut liegen. Sie waren ganz ausgetrocknet. Er fragte mich: ‚Menschensohn, können diese Gebeine wieder lebendig werden?' Ich antwortete: ‚Herr und Gott, das weißt nur du.' Da sagte er zu mir: ‚Sprich als Prophet über diese Gebeine und sage zu ihnen: Ihr ausgetrockneten Gebeine, hört das Wort JHWHs!

So spricht Gott, der Herr, zu diesen Gebeinen: Ich selbst bringe Geist in euch. Dann werdet ihr lebendig. Ich spanne Sehnen über euch und umgebe euch mit Fleisch. Ich überziehe euch mit Haut und bringe Geist in euch, dann werdet ihr lebendig. Dann werdet ihr erkennen, daß ich JHWH bin.' Da sprach ich als Prophet, wie mir befohlen war, und noch während ich redete, hörte ich auf einmal ein Geräusch. Die Gebeine rückten zusammen, Bein an Bein. Und als ich hinsah, waren plötzlich Sehnen auf ihnen, und Fleisch umgab sie, und Haut überzog sie. Aber es war noch kein Geist in ihnen. Da sagte er zu mir: ,Rede als Prophet zum Geist! Rede, Menschensohn, sag zum Geist: So spricht Gott, der Herr! Geist, komm herbei von den vier Winden! Hauch diese Erschlagenen an, damit sie lebendig werden!' Da sprach ich als Prophet, wie er mir befohlen hatte, und es kam Geist in sie, und sie wurden lebendig und standen auf, ein großes, gewaltiges Heer. (Ez 37,1–10)

Das ist die berühmte Vision von der Auferweckung, die gerne auf Israel bezogen wird, einer der Anknüpfungstexte für das Reden von Auferstehung schon im Alten Testament. Für uns aber ist das vielleicht der sprechendste Text, der den Zusammenhang zwischen Geist und Wort, Wort und Geist unzweideutig offenlegt. Gerade durch diesen erzählenden Stil kommt die Kraft des Geistes Gottes, seine lebenschaffende Qualität zum Durchbruch, vor allem in einer Perspektive, die ich besonders herausstellen möchte, weil sie auch dem Grundtenor unserer Überlegungen entspricht: Es geht um den Geist Gottes, der den Kosmos konstituiert, der die Schöpfung verwirklicht, um den Geist, der *von den vier Winden,* von den vier Himmelsrichtungen her kommt. Der Geist Gottes, der in dieser Welt da, in allen Bewegungen präsent ist — das ist der Urgrund des Lebens, und dieser Urgrund des Lebens befähigt auch, den Übergang vom Tod zum Leben zu gestalten. Es ist diesem Geist Gottes möglich, das, was Menschen für tot halten, wieder zum Leben zu erwecken.

Natürlich ist in dieser visionären Darstellung eine Botschaft für Israel enthalten. Die Situation der verstreuten Gebeine ist letzten Endes eine Chiffre für die Gemeinde, die im Exil darniederliegt, die — von der Heimat entfernt — keine Aussichten auf Rückkehr hat. Diese Gemeinde soll sich bewußt werden, daß ihr Leben zuteil wird, und zwar vermittelt durch das ermunternde — auch kritische! — Wort des Propheten, der das Sprachrohr Gottes, näherhin des Geistes Gottes, ist. So werden die Deportierten wieder mit Leben erfüllt, und es ist ihnen möglich, bei sich selbst jenen Funken wieder zu entzünden, der zum Überleben führt und die Rückkehr doch noch für möglich hält.

Das Bild selber könnte bis ins einzelne hin kommentiert werden mit Hinweisen auf spezielle Kenntnisse, die der Prophet besaß, vielleicht schon aus seiner Jerusalemer Vergangenheit, wo er Anteil gewinnen konnte an dem schulischen Wissen, auch an den anatomischen Kenntnissen seiner Zeit. Es ist erstaunlich, wie hier das Zusammenfinden der verschiedenen „Bauteile" des Körpers, das Aufstehen oder Auferstehen der Menschen geschildert wird. Das erfüllt zwar gewiß nicht die Ansprüche, die die Anatomen späterer Jahre stellen, aber für diese Zeit ist es doch erstaunlich. Wir müssen schon damit rechnen, daß die medizinischen Kenntnisse der Priester in Jerusalem und vor allem im Umfeld Israels außerordentlich gediegen und fortgeschritten waren. Aber das ist hier für unseren Zusammenhang weniger relevant. Relevant ist vielmehr, daß der Prophet hier mit der Vorstellung arbeitet, daß ein Mensch dadurch, daß man ihn von seinen Teilen her begreift, von seinen einzelnen körperlichen Bestandteilen her, zusammenwächst, daß er, so wie es die Nachbarvölker bereits bedacht haben, gerade durch das Zusammenkommen und das Zusammenwachsen der Bestandteile des Körpers zu einem ganzheitlichen, lebendigen Wesen wird.

Wir müssen hier einen Blick werfen auf die Vorstellungen von der sogenannten Körperzergliederung außerhalb Palästinas, die sicher Einfluß auf palästinische Vorstellungen hatten. Man hat in Ägypten die Auferstehung des Menschen dadurch vorbereiten wollen, daß man bei der Mumifizierung jedes einzelne Körperteil besonders behandelt, und, wenn dies de facto nicht möglich war, die Körperteile beim Ritual wenigstens im Wort angesprochen hat. Nur durch das Benennen der einzelnen Teile in einer Art Litanei konnte man zu einer magischen Gesamtschau kommen, die den Menschen dann in all seinen Teilen zu einem neuen Wesen werden lassen sollte. Die Begräbnisriten und die Mumifizierungspraxis — seit Tausenden von Jahren üblich — nehmen gerade in der späteren Periode, zeitgleich zu Ezechiel, enorme Ausmaße an, wobei gewiß auch die Angst eine Rolle spielte. Es sollte wirklich kein Bestandteil des Körpers ausgeblendet bleiben. Und so werden immerhin, wenn es denn also im einzelnen nicht möglich ist, die Körperteile im Wort angesprochen. Indem die einzelnen Organe jeweils benannt werden, soll sichergestellt werden, daß sie auf Dauer existieren. Die Priester in Jerusalem, zu denen ja Ezechiel gehörte, haben Anteil an dem Wissen ihrer Zeit, sowohl an den medizinischen Kenntnissen, den kosmologischen Kenntnissen als auch an den Kenntnissen, die mit dem Totenkult zusammenhingen. Man konnte aus einem Wissensschatz schöpfen. Ezechiel bringt dann in diese Überlegungen die Idee mit hinein, daß eine Auferstehung gewissermaßen „illustriert" werden kann, wenn man dieses Zusammenwachsen beschreibt und im Detail darstellt, wie die Organe und Körperteile miteinander und zueinander wachsen.

Natürlich geht es um Israel. Israel soll mit dieser Vision Hoffnung gewinnen, um den Weg nach Palästina anzutreten und von dort nicht erneut in eine Lebensbedrohung wie die Deportation hineingerissen zu werden. So fährt auch die Auslegung des Textes fort, die im Ezechielbuch selbst vorgenommen wird. Da heißt es in den Versen 11–14:

Er sagte zu mir: ‚Menschensohn, diese Gebeine sind das ganze Haus Israel. Jetzt sagt Israel: Ausgetrocknet sind unsere Gebeine, unsere Hoffnung ist untergegangen, und wir sind verloren. Deshalb tritt als Prophet auf und sag zu ihnen: So spricht Gott, der Herr: Ich öffne eure Gräber und hole euch, mein Volk, aus euren Gräbern herauf. Ich bringe euch zurück in das Land Israel. Wenn ich eure Gräber öffne und euch, mein Volk, aus euren Gräbern heraufhole, dann werdet ihr erkennen, daß ich JHWH bin. Ich hauche euch meinen Geist ein, dann werdet ihr lebendig, und ich bringe euch wieder in euer Land. Dann werdet ihr erkennen, daß ich JHWH bin. Ich habe gesprochen, und ich führe es aus. Spruch JHWHs.'

Hier zeigt sich, daß der Prophet Ezechiel weit davon entfernt ist, den Titel *Menschensohn* als besondere Auszeichnung zu verstehen. Wir verstehen gern *Menschensohn* im Sinne der neutestamentlichen Erinnerungen und Zitationen und denken an den *Menschensohn*, der auf den Wolken daherkommt und Macht und Herrlichkeit bei sich hat. Aber hier ist noch ein ganz elementares Verständnis von *Menschensohn* greifbar, das ist der schöpfungsorientierte, ja der an der Erde haftende Mensch. Das ist der *adam,* der mit der *adamah* verknüpft ist, der *Erdling,* dieser *Mensch.* Und diesem Menschen ist es zuteil und eigen, daß er keinen Anspruch entwickeln kann auf ewiges Leben. Er ist von Haus aus immer wieder dieser Erdsphäre verhaftet, und er kann sein vorübergehendes Leben nur gestalten und verwirklichen, weil der Hauch Gottes ihn eine Zeitlang bewegt. Das ist ja das, was in Gen 2,7 bereits zum Ausdruck kommt, wo die Rede ist von dem *Atem Gottes,* dem lebendigen Hauch, der den Menschen erfüllt, so daß er zu einem lebendigen Wesen wird. Aber diese Lebendigkeit hält ihn nicht in einer Unsterblichkeit fest, sondern es ist eben der Gotteshauch, der auch wieder entzogen werden kann. Der Prophet Ezechiel macht diese Spannung besonders deutlich, weil er seine Zugehörigkeit zur Klasse der erdgebundenen Menschheit besonders akzentuiert. Erst das Prophetenbuch Daniel stellt diese uns so bekannte Würde des Menschensohnes heraus, der ja dann auch Titel des Jesus von Nazaret geworden ist.

An dieser Stelle ein kurzer Kommentar zu dem Gedanken einer israelitischen Auferstehung durch den Geist Gottes. Sicher ist keine Rede — oder nicht unmittelbar die Rede — von der Auferweckung, so wie wir sie aus dem Neuen Testament kennen, aber es ist doch eine ähnliche Vorstellung greifbar, die besagt, daß Auferweckung letzten Endes ein Werk Gottes ist und daß hier der Geist Gottes als Lebensstifter in besonderer Weise aktiv ist. Das ist wiederum ein Aspekt, den wir in den christlichen Reflexionen zum Auferstandenen weniger stark betont finden. Es wäre vielleicht zu erwägen, ob wir auf diese Weise nicht den Zusammenhang zwischen Ostern und Pfingsten noch deutlicher vor Augen führen müßten: daß schon im Begehen der Auferstehungsfeier die Wirksamkeit des Geistes Gottes gefeiert wird, daß es eben ein Pfingsten *nicht erst nach* Ostern, sondern ein Ostern *zugleich mit* Pfingsten gibt.

1.9 Schöpfung und Neuschöpfung

Nun kann man natürlich fragen: Wie kommt es, daß auf einmal im Exil und bei Ezechiel ein so großer Umschlag passiert, daß das Wort so eng an den Geist gebunden ist? Ich möchte meinen, daß dies wiederum mit den Erfahrungen des Ezechiel zu tun hat, und zwar mit den Erfahrungen, die er als Priester, als Angehöriger des Priesterstandes, in Jerusalem hat gewinnen können. Denn in Jerusalem begründet auch der erste Schöpfungstext wohl zumindest die erste Fassung desselben in Gen 1. Und wir hatten schon gesehen, daß da von Gott in diesem engen Zusammenhang von Geistwirksamkeit und Wortschöpfung gesprochen werden konnte. Der Geist Gottes *flatterte* über den Wassern, und dann heißt es direkt: *Und Gott sprach...* Eine deutlichere Aufeinanderbeziehung und Verflechtung von Geist und Wort kann man kaum zur Sprache bringen. Aber wir hatten auch gesehen, daß diese Beziehung auf mythologischen Vorgaben beruht, und ich möchte diese mythologischen Vorgaben hier keineswegs unterschätzen. Wir sollten uns das noch einmal in Erinnerung rufen, daß Gott durch seinen Geist die Welt schafft, den Geist, der in Verbindung mit dem göttlichen Wort den Lebensraum und die Lebenszeit Wirklichkeit werden läßt.

Das scheint mir der Hintergrund, aus dem diese prophetische Verbindung von Wort und Geist stammt, die Erkenntnis, daß schon im Kosmos die Kraft des vitalen Gottesgeistes mit der Kraft des göttlichen Wortes zusammenhängt. Was also hier beim Propheten geschieht, ist lediglich eine Entsprechung zu dem, was schon auf der Ebene des Kosmos passiert. Der Prophet, der aus dem Geist Gottes heraus spricht, ist gewissermaßen der irdische Stellvertreter, ja geradezu das herausgestellte „Bild" seines Gottes, dessen Geist eben auch mit dem göttlichen Schöpferwort liiert ist. Dieser kosmische Zusammenhang, der seinerseits in der Mythologie seinen Ausdruck findet — wir haben die Bilder noch vor Augen —, dieser kosmische Bezug zwischen dem Gottesgeist und dem Gottesbild hat also seine Entsprechung, sein Analogon, im Auftreten des Propheten,. und ich denke, daß damit eine schöpferische Funktion des prophetischen Auftritts ausgesagt ist, die ebenso Ordnung stiften, Sinn stiften soll, wie dies Gott selber für sich in Anspruch nimmt am Anfang der Zeit und wie er es dem Menschen zur Aufgabe macht. Daher rührt auch die Berechtigung des Ausdrucks *Neuschöpfung.* Es wird zwar mit gutem Grund gesagt, daß das Alte Testament den Gedanken der *Neuschöpfung* kennt — nicht nur der erstmaligen und einmaligen Schöpfung. Ich denke aber, daß *Neuschöpfung* insbesondere dort geschieht, wo das Wort des Propheten, angeregt durch den Geist Gottes, Veränderung schafft. Und eine solche Perspektive wird dann für die nachexilische Zeit besonders wichtig. Sie wird für die Konstitution von Gemeinschaften relevant, in denen die Bindung an den Geist Gottes reflektiert wird, in den Gemeinschaften der Prophetenjünger, aber vor allen Dingen in den späten Kultgemeinschaften bis hin zu dem, was wir Kirche nennen.

Wir müssen jetzt noch von den Vorbedingungen einer Gemeinschaft sprechen, in der der Geist Gottes virulent ist – auch für uns eine nicht so selbstverständliche Vorstellung. Jedenfalls ist das ein Ideal, das wir eigentlich gern spüren möchten, daß der Geist Gottes die Kirche durchwaltet. Ob es in vorchristlicher Zeit Ansätze dafür gibt, im Alten Testament und bei den Zeitgenossen, das ist unsere nächste Überlegung.

2. Geist in Gemeinschaft

2.1 Geistträger und Gemeinschaft

Die Totenerweckungsvision des Ezechiel ist in zweierlei Hinsicht besonders bemerkenswert: Zunächst einmal ist der Prophet selber dadurch, daß er sich dem Geist ausgesetzt weiß, zum Instrument des lebenschaffenden Gottes geworden. Auf sein Wort hin werden die Toten lebendig. Das andere ist, daß der Geist Gottes eben nicht nur den Propheten aktiviert, sondern auch die Toten zu einer neuen Gemeinde werden läßt. Es ist ja ein Bild für das neue Israel, das nach dem Exil zu einer erneuerten, lebendigen Gemeinde wird. So geht also die erneuernde Kraft des Gottesgeistes sowohl in Richtung auf den hervorragenden einzelnen Verkünder wie auch auf das Volk, das Adressat der Verkündigung ist. Darum wird die Gemeinde nach dem Exil diesem Geistverständnis gemäß doppelpolig strukturiert sein: Es gibt jemanden, der das Wort Gottes unmittelbar empfängt und weitersagt, und es wird die Gemeinde sein, die davon profitiert. Der Geist wirkt also im Individuum und im Kollektiv. Und es ist auch nicht irgendein Geist, irgendeine Ideologie, sondern dieser Geist ist der kosmische Geist, der Geist *von den vier Winden*, wie es in Ezechiel 37 heißt. Darum geht es mir insbesondere, daß bei alledem der gleiche Geist wirksam ist, der in Gen 1,2 zur Sprache kommt, der Geist Gottes, der in die Schöpfung hineinwirkt. Dieser gleiche Geist inspiriert die Gestalt des Propheten und inspiriert die Gemeinschaft des neuen Gottesvolkes. Das ist eigentlich *die* grundlegende Einsicht dieser frühjüdischen Theologie, die nach dem Exil zum Tragen kommt und weiterentwickelt wird und die die erste und entscheidende Voraussetzung für christliches Reden vom Heiligen Geist ist. In der rabbinischen Literatur und in den Targumim wird der „Geist Gottes" als „Heiliger Geist" aufs engste mit der Prophetie verbunden: Die Propheten sind vom „Heiligen Geist" geleitete Ausleger und Vermittler der Tora, die dem ersten Propheten Mose noch unmittelbar eingegeben worden war. Andererseits konnte man sogar vom Verlust des „Heiligen Geistes“ mit dem Auslaufen des Prophetentums sprechen, wenn es etwa mehrfach im Talmud heißt: „mit dem Tod der letzten Propheten Haggai, Sacharja und Maleachi wich der Heilige Geist von Israel“. Dennoch kann der „Heilige Geist“ im talmudischen Judentum als Urheber der Auferstehung der Toten gelten. Insbesondere aber ist und bleibt er der kosmische Geist Gottes, der den Propheten befähigt, das Wort, das lebenstiftende Wort zu sprechen — gewissermaßen als Stellvertreter Gottes, der selber das Schöpfungswort gesprochen hat —, und der die Gemeinde aktiviert, daß sie sich neu formiert zu einer Gemeinde, die aus dem Bewußtsein des Angewiesenseins auf den lebendigen, lebenstiftenden Gott lebt.

2.2 Erneuerung der Gemeinde

Ezechiels Theologie des Geistes Gottes ist äußerst inspirativ. Bei ihm ist gewissermaßen eine Höhenlinie erreicht, und das gleich zu Beginn dieser nachexilischen Periode, in der wir das Wachsen des Judentums beobachten. Bei dem gleichen Propheten — ob wir diese Zeilen nun Ezechiel zuschreiben oder seiner Schule: es ist auf jeden Fall die Stimme des ältesten, des frühesten Judentums, die hier zur Geltung kommt — lesen wir in dem Kapitel vor der Vision der Auferweckung Israels die bekannten Worte, die auf das erneuerte Israel hinzielen:

Ich hole euch heraus aus den Völkern, ich sammle euch aus allen Ländern und bringe euch in euer Land. Ich gieße reines Wasser über euch aus, dann werdet ihr rein. Ich reinige euch von aller Unreinheit und von allen euren Götzen. Ich schenke euch ein neues Herz und lege einen neuen Geist in euch; ich nehme das Herz von Stein aus eurer Brust und gebe euch ein Herz von Fleisch. Ich lege meinen Geist in euch und bewirke, daß ihr meinen Gesetzen folgt und auf meine Gebote achtet und sie erfüllt. (Ez 36, 24–27)

Es ist ganz deutlich, daß die neue Gemeinde, die vom Geist Gottes erfüllt sein soll, auch in ihrem Tun und Handeln ein Antwortgeben realisiert, und diese umfassende Reaktion auf die Gaben des Gottesgeistes besteht in der Orientierung an der Tora. *Tora* ist ja alles andere als eine bloß numerische und formalistische Anhäufung von Vorschriften, so wie man das jüdische Gesetz häufig mißverstanden hat, nein, die Tora ist Lebenshilfe und will so verstanden werden, sie ist Lebenswissen. Und dieses Lebenswissen ist getragen von der Inspiration des Geistes Gottes. Nur so ist die Tora auch erfüllbar. Es gibt kein größeres Mißverständnis der jüdischen Theologie als jenes, das in christlichen Kreisen — auch in Mißverständnis dessen, was Paulus dazu zu sagen hat — immer wieder zirkuliert und kultiviert wird, als wenn es im Judentum ausschließlich darum ginge, durch Eigentätigkeit und Eigenverdienstlichkeit in Erfüllung der Tora die Rechtfertigung oder das Heil zu erlangen, als wenn das Sache allein und ausschließlich des Menschen wäre. Das ist ganz und gar nicht der Fall! Auch im Judentum geht es intensiv darum, daß Gott dieses *neue Herz* bereiten muß, wie wir bei Ezechiel hören, und die Grundlagen schaffen muß, indem er diesen Geist der Erneuerung stiftet, damit überhaupt das sogenannte „Gesetz", die Tora, erfüllt werden kann. Ohne diese Vorgabe Gottes geht überhaupt nichts, auch im Judentum nicht. Das können wir Christen nicht deutlich genug herausstellen. Aber es ist früher leider als *das* unterscheidende Kriterium angesehen worden: als wäre bei Christen alles nur durch die Gnade Gottes möglich und als stünde im Judentum eben die Leistung des Menschen im Vordergrund, die Verdienstlichkeit der guten Werke und dergleichen. Niemand wußte es besser als das Judentum: Der Geist ist es, der lebendig macht.

2.3 Geistträger als Hoffnungsträger

Der Geist Gottes ist also nach Ezechiel eindeutig der Geist der kosmischen Erneuerung, der sich sowohl dem Propheten selbst erschließt wie auch der Gemeinde, der er gegenübersteht. Wir wollen diesen Gedanken noch weiterverfolgen, denn die Bezeichnung des Propheten selbst profitiert davon. Der Prophet Ezechiel heißt längst *nâbî'*, nachdem die ersten Propheten ursprünglich als *ro'äh* oder als *chozäh* gegolten hatten, als *Schauer* oder als *Seher*. Der neue Titel wird bereits von den großen Propheten reklamiert. Dieser *nâbî'* ist die klassische und eigentlich auch nie wieder neuerlich ersetzte Bezeichnung des Propheten geworden. Woher das Wort *nâbî'* kommt, ist umstritten. Es gibt gegenwärtig zwei Hauptthesen. Die eine versucht das Wort *nâbî'* abzuleiten von einem kanaanäischen oder noch eher im Ostsemitischen bezeugten Wort *nabû,* das *rufen* heißt. Es würde sich hier um ein Passivum handeln: es wäre nicht *der Rufende,* sondern *der Gerufene* oder gar *der Berufene.* Das setzt natürlich eine theologische Qualifizierung voraus, daß man darüber nachdenkt, daß dieser Mensch, der da so spricht, ein von Gott eigens Beauftragter oder Berufener ist und eine Berufungsgeschichte hinter sich hat.

Eine andere Möglichkeit, die ich weiterhin zur Diskussion stellen möchte, lautet, daß dem Nomen *nâbî'* zwei zunächst unterschiedliche, aber lautlich ähnlich klingende Verben zugrunde liegen, ein Verbum mit der Bedeutung *verzückt sein, in Ekstase sein,* und ein Verbum, das *schauen* heißt. Es gibt also die Möglichkeit, daß in diesem Ausdruck *nâbî'* die Wörter für *schauen* und für *ekstatisch sein* zusammengeflossen sind. Das kann man allerdings nicht aus dem vorderasiatischen Sprachbereich belegen, sondern aus dem ägyptischen. Es ließe sich also hier eine „hamito-semitische" Herkunft unterstellen, das heißt, es handelte sich um eine Bezeichnung, die asiatisch-afrikanischen Ursprungs ist, die also sowohl das *Schauen* wie auch das *Ekstatikersein* umschließt. Wie dem auch sei, es handelt sich wahrscheinlich um einen alten oder einen auf alten Bedeutungsgrundlagen beruhenden Ausdruck, der dann zur klassischen Berufsbezeichnung des Propheten geworden ist, und wir müssen jetzt hinzufügen: für einen Propheten, der voll des Geistes ist, dessen Ekstatikersein und dessen Schauenkönnen auf seiner Geistbegabung aufruhen.

Das Interessante ist, daß gerade in der exilischen Zeit diese Ausstattung des Propheten mit dem Geist Gottes besondere Attraktion bekommt, schon deswegen, weil der Prophet immer mehr zu einer alternativen Größe gegenüber den Herrschaftsinstanzen geworden ist, und zwar spätestens in der Exilszeit. Da hatte das Königtum der vorexilischen Zeit ja längst abgewirtschaftet. Es war keinerlei Instanz mehr attraktiv genug, um auf Israel einen bleibenden Eindruck zu machen. Nur die Prophetengestalten, jene einsamen Gestalten — wie Jesaja natürlich und vor allen Dingen Jeremia in der spätvorexilischen Zeit —, konnten einen Eindruck von dem erwecken, was es heißt, aus dem Geist Gottes heraus Widerstand zu üben, phantasievolle und im Glauben begründete Originalität auszustrahlen. Und darum gilt gerade auch für einen Propheten wie Jeremia, daß er sich als Gegenpart sozusagen zum Königtum verstehen kann und daß er — genauso wie Ezechiel — sich mit der besonderen Begabung durch den Geist Gottes ausgestattet sieht.

Am Anfang des Jeremiabuches hören wir von dem besonderen Grad der Auserwählung. Da heißt es in Jer 1,5: *Noch bevor du im Mutterschoß warst, habe ich dich erwählt; noch bevor du geboren wurdest, habe ich dich ausersehen; zum Völkerpropheten habe ich dich bestellt.* — Diese Redeweise, die zwar nicht ausdrücklich den Geist Gottes nennt, aber eine göttliche Erwählung ausspricht, ist eine aus ägyptischem Raum übernommene Phraseologie. Sie gilt ursprünglich dem König, ist aber in diesem Fall direkt auf den Propheten bezogen. Es ist ganz deutlich, daß hier zu Beginn des Jeremiabuches der Prophet gegen das etablierte Königtum gesetzt wird, als Hoffnungsträger und Orientierungsinstanz. Und so können wir verstehen, daß allmählich in der frühnachexilischen Zeit das Bestreben wächst, gerade auf solche Hoffnungsträger zu achten, ob sie nun Propheten waren oder nicht, Orientierungsfiguren, an denen sich das neue Israel aufrichten sollte.

Ein bekanntes Kapitel aus dem Buch Jesaja hilft uns da weiter. Das große Buch Jesaja umfaßt ja eine ganze Bibliothek, eine mehrere Jahrhunderte lange prophetische Wirksamkeit, also nicht nur das Œuvre des Propheten Jesaja selber, nicht nur das seiner Jünger, sondern auch das einer ganzen Menge von Nachfahren. Zum Werk dieser Nachfahren sollten wir auch das berühmte Kapitel 11 rechnen, in dem besonders von der Wirksamkeit des Geistes Gottes auf den Hoffnungsträger der Zukunft gesprochen wird. Es ist das Kapitel, das den Hoffnungsträger der Zukunft als Geistträger zeichnet, der zwar kein Prophet ist, aber jemand sein soll, der aus der „Wurzel“ David kommt. Es ist nicht David und auch kein davidischer Fürst aus dem Geschlechte Davids, so wie man ihn kennengelernt hat, sondern das Buch greift hier zurück auf die Zeit vor David, um aus der Wurzel *Jesse* — das ist ja der Name Isais, des Vaters Davids, nach der Vulgata —, um wirklich eine fundamentale Erneuerung von der Wurzel her zu beschreiben. Das ist der Sinn dieses Ausdrucks von der „Wurzel Jesse“:

Doch aus dem Baumstumpf Isais wächst ein Reis hervor; ein junger Trieb aus seinen Wurzeln bringt Frucht. Der Geist JHWHs läßt sich nieder auf ihm, der Geist der Weisheit und der Einsicht, der Geist des Rates und der Stärke, der Geist der Erkenntnis und der Gottesfurcht. Er erfüllt ihn mit dem Geist der Gottesfurcht; er richtet nicht nach dem Augenschein, und nicht nur nach dem Hörensagen entscheidet er, sondern er richtet die Hilflosen gerecht und entscheidet für die Armen des Landes, wie es recht ist. Er schlägt den Gewalttätigen mit dem Stock seines Wortes und tötet den Schuldigen mit dem Hauch seines Mundes. Gerechtigkeit ist der Gürtel um seine Hüften, Treue der Gürtel um seinen Leib. (Jes 11, 1–5)

Nicht alle Perspektiven dieses Textes müssen uns hier beschäftigen. Es geht zunächst um den Gedanken, daß jemand kommen soll, der all das in sich birgt, was die Könige nicht aufzuweisen hatten, an die man soviel Hoffnung geknüpft hatte. Mit jedem Regierungsantritt hatte man geglaubt, jetzt würde eine andere, eine bessere Zeit anbrechen. Immer, immer wieder wurde man enttäuscht. Nur wenige — wie der König Joschija — bildeten eine Ausnahme. Insgesamt konnte man in Israel mit dem Königtum nicht zufrieden sein, und zwar weder mit dem Königtum des Nordens noch mit dem Königtum des Südens. Um so mehr hat sich dann in der Umbruchszeit des Exils die Sehnsucht nach einem Geistträger, einem wirklichen Hoffnungsträger etabliert, der, so meinte man, womöglich ein *Vor-David* oder ein *David redivivus* sein könnte, also ein erneuerter David, aber vielleicht noch ein Stückchen mehr. Aus der Heimat dieses David sollte jemand hervorkommen, der der absolute Geistträger sein sollte.

Man verbindet mit diesen Kennzeichen des Geistes JHWHs häufig die Rede von den sieben Gaben. Man kann mit einer Textänderung auch die Siebenzahl festschreiben, aber es kommt letzten Endes gar nicht darauf an, jetzt nun diese Zahl auf die Zahl der Fülle hin zu orientieren, wenngleich die Siebenzahl natürlich Fülle bedeuten soll und keineswegs numerisch gefaßt werden muß. Der Geist JHWHs, der auf ihm ist — es ist wiederum ein Von-oben-Kommen, ein Hernieder-Kommen, ein Lasten auf dem Menschen, so daß deutlich wird: Das ist niemals und zu keinem Zeitpunkt jemand, der aus eigener Kraft agiert, sondern es ist jemand, der „in Beschlag genommen“ ist, erschüttert worden ist von der Kraft des von oben kommenden Gottes, der wie in einer Theophanie herabsteigt oder herabfällt. Also der Gedanke der elementaren Theophanie, den Israel immer mit seinem Gott verbunden hat, von Anfang an, der kommt auch hier zur Geltung: Der Schöpfergeist kommt von oben, er „stürmt“ herab — das ist eigentlich *die* Auslegung des Gottesnamens JHWH, der ursprünglich wahrscheinlich *„Er weht“* und *„Er stürmt“* bedeutet. Im Grunde ist *Geist* dann einfach nur die Charakteristik dieses ursprünglichen Stürmens und Wehens, dieses naturmächtigen Begegnens Gottes. Es ist ein anderes Wort für den gleichen Sachverhalt, aber eine Zuspitzung der Pneumatologie, wie sie jetzt in der frühnachexilischen Zeit Gestalt gewinnt.

Der Geist der Weisheit und der Einsicht: Es ist bezeichnend, daß gerade die Phänomene, die für das Lebenswissen wichtig sind, in Israel an den Anfang gesetzt werden und zugleich das, was zur Erfüllung und zur Realisierung der Tora wichtig ist, zur Geltung kommt. So allein kann man Gott begegnen, wenn man sich in der Weisheit und in der Einsicht stark machen läßt. Dem entsprechen die beiden weiteren Kennzeichen: *der Geist des Rates und der Stärke.* Das sind die Elemente, die in der Weisheitsschule als Auszeichnung der Schüler gelten: daß man durch Lebenswissen und die begleitende Inspiration Gottes stark wird. So ergibt sich *der Geist der Erkenntnis und der Gottesfurcht,* wobei *Erkenntnis* immer auch Anerkenntnis Gottes ist und *Gottesfurcht* die klassische Beschreibung des Verhaltens eines weisheitlichen Menschen, wobei wir diesen Ausdruck *Gottesfurcht* von jeder Ängstlichkeit frei halten dürfen.

Gottesfurcht ist im Sinne der älteren Weisheit das unbedingte Sich-Verlassen auf Gott, was gerade Furchtlosigkeit zur Folge hat: Gott allein die Ehre geben, sich ihm überantworten, aber auch im umfassenden Sinn *ehrfürchtig sein,* was ja etwas anderes ist als *Furcht haben.* Ich würde letzteres nicht ausschließen aus diesem grundlegenden Gottesverhältnis, das vor der Heiligkeit Gottes in die Knie geht — ein wenig wird das ja in moderner Theologie etwas ausgeklammert, wo man „nur“ den zuvorkommenden und den Menschen annehmenden Gott vermitteln möchte. Natürlich ist das ein attraktiver Gedanke, den man zudem immer wieder gerne nur für das Neue Testament reklamieren möchte, was jedoch völlig falsch ist. Das Alte Testament kennt sowohl den sich außerordentlich nahe zum Menschen hin bewegenden Gott wie den Gott, der an den Menschen Forderungen stellt und ihn auch herausfordert durch seine Heiligkeit. Diese beiden Aspekte dürfen wir nie auseinanderdividieren oder gar einen von beiden leugnen. Das meint also *Gottesfurcht:* sich einlassen auf diesen Gott, der durchaus fremdartig und als der ganz Andere erscheinen kann.

Eine der spätesten Weisheitsschriften, das Buch Kohelet, das Buch des Predigers, verwendet den Ausdruck *Gottesfurcht* in einem bezeichnenden Sinn: Es ist eine Haltung, die fast schon ein numinoses „Sich-Anbinden" an jenen Gott, den rätselhaften Gott, darstellt. Kohelet nennt ja seinen Gott überhaupt nicht mehr beim Namen, weil er aller überkommenen Reden von Gott überdrüssig geworden ist und weil sie ihm rätselhaft geworden sind. Er sucht nach einem ganz neuen Gottesverständnis. Für ihn besteht Ehrfurcht darin, sich diesem Gott, der das Flüchtige akzeptiert (Koh 3,15), zu widmen, diesem Gott, der selbst für den Augenblick noch etwas übrig hat, und diesem Gott anzuhangen — das ist *Ehrfurcht.* Und das bedeutet auch, daß man den Augenblick, den gegenwärtigen, den vorübergehenden Augenblick, respektiert und hineingreift in das, was das Leben im Moment zu bieten hat. Das ist die — ganz „moderne" — Devise des Predigers Kohelet, und nach ihm besteht Gottesfurcht gerade im Ergreifen des Augenblicks und dieses Momentes, ohne langwieriges Nachdenken über das, was war und was kommen wird. Das ist eine ganz eigentümliche und eben auch im Alten Testament verankerte Sichtweise der Lebensbewältigung, die man wohl problemlos in unsere Zeit hineintragen kann.

Also der Geist der Erkenntnis und der Geist der Gottesfurcht — *yir'at 'älohim* —, all das ruht auf diesem Geistträger, der Orientierungsfigur ist. Von ihm wird dann auch gesagt, daß er nicht nach dem Augenschein richtet, sondern daß er ein gerechter Richter ist. *Richten* ist hier nicht nur im Sinne des Urteilfällens im juristischen Bereich gemeint, sondern Richter ist jemand, der ein Urteil findet — *jugement droit* —, der eine Urteilsfindung hat, die richtig ist. Und vor allen Dingen berücksichtigt er das, was Propheten immer wieder an den Institutionen kritisiert haben: Er ist jemand, der die Sozialkritik und Kultkritik des Prophetentums ernst nimmt. *Er richtet die Hilflosen gerecht,* heißt es, *und entscheidet für die Armen des Landes.* Genau diesen Punkt haben die Propheten — denken wir etwa an Amos und Jesaja — immer wieder den Regierenden angekreidet, daß die Mächtigen im Land die Hilflosen verkommen lassen, nur den Reichen zugewandt sind und der Gewalttat zuneigen. Statt dessen ist dieser Geistträger ein wirksamer Antipode irdischer Mächtigkeit. *Er schlägt den Gewalttätigen mit dem Stock seines Wortes* — wohlgemerkt: *seines Wortes.* Das ist auch — weiß Gott — nicht bloß die Kraft der Diskussion, die den Gewalttätigen überwindet, so wichtig sie ist, aber das Wort hat hier eben diese schöpferische Urkraft. Es ist so verstanden, daß hier — auch wenn man das nach außen nicht so beobachten kann — das Wort, das gesprochene Wort, das *geistgewirkte* Wort letzten Endes kreative Funktion hat und die ungerechte Gewalt überwindet. Das ist die Form, wenn man so will, von „Gewalt", jene Potenz, jene Dynamik, die in der schöpferischen Kraft des Wortes liegt. Das alles kann der Verfasser hier *Gerechtigkeit* nennen: *Gürtel um seine Hüften, Treue: Gürtel um seinen Leib. Gerechtigkeit* und *Treue* sind die Kernbegriffe schon der älteren Prophetie, schon bei Amos und jetzt bei Jesaja und auch noch bei den späteren Epigonen Jesajas. Das sind Inbegriffe der Rechtsordnung, sozusagen das, was der Geist Gottes wirkt, wenn er den Kosmos durchtränkt und beherrscht. Dann entsteht eine sinnvolle Lebenswelt. Das ist mit *Gerechtigkeit* oder *Richtigkeit* gemeint, keineswegs eine juristische oder sonstige Auffassung von Gerechtigkeit, wie wir sie meist kultivieren.

2.4 Geist-Gesellschaft und Zukunft

Das Ganze mündet dann in das großartige Bild von einer Welt, in der die Gegensätze miteinander versöhnt sind. Das wird mit dieser Bildsprache vom Tierfrieden ausgedrückt. Solche Texte haben eine zeitlose Gültigkeit und werden nie in der Weltliteratur verlorengehen:

Dann wohnt der Wolf beim Lamm, der Panther liegt beim Böcklein; Kalb und Löwe weiden zusammen, ein kleiner Knabe kann sie hüten. Kuh und Bärin freunden sich an, ihre Jungen liegen beieinander; der Löwe frißt Stroh wie das Rind. Der Säugling spielt vor dem Schlupfloch der Natter, das Kind streckt seine Hand in die Höhle der Schlange. Man tut nichts Böses mehr und begeht kein Verbrechen auf meinem ganzen heiligen Berg, denn das Land ist erfüllt von der Erkenntnis JHWHs, so wie das Meer mit Wasser gefüllt ist. An jenem Tag wird es der Sproß aus der Wurzel Isais sein, der dasteht als Zeichen für die Nationen: Die Völker suchen ihn auf, sein Thronsitz ist prächtig. (Jes 11,6–10)

Das ist die auch in klassischer Literatur noch begegnende Vision vom allgemeinen Tierfrieden. Man braucht nur an die vierte Ekloge bei Vergil zu denken. Solche utopischen Bilder wandern gerade in den Jahrhunderten nach dem babylonischen Exil nicht nur durch das israelitische Kernland, sondern auch in den Mittelmeerraum hinein. Man nimmt teil an der allgemeinen Sehnsucht nach einer chaosfreien Welt, in der wirklich die Gegensätze miteinander versöhnt werden. Die Zeitlosigkeit einer solchen Wunschvorstellung, einer solchen Utopie steht, glaube ich, außer Frage. Darin gewinnt auch die Rede vom Geist Gottes eine weitere futurische Dimension: daß die kommende Gesellschaft, die wirklich „geistdurchtränkt" ist, diese unmenschlichen Animositäten und schrecklichen Gewaltverliebtheiten aus der Welt schafft und daß statt dessen doch ein Zueinander und Miteinander eines neuen Lebendigseins entsteht, wie es seinesgleichen bisher nicht gegeben hat.

2.5 Der Tag JHWHs

Ein anderer Prophet, den ich auch in diesem Zusammenhang nennen muß, ist der Prophet Joël. Auch er hat die Rede vom Geist Gottes bemüht, um seine Sicht einer zukünftigen Gemeinschaft, die den Namen Gottes verehrt, zu charakterisieren. Ich meine, daß auch diese Vision des Joël etwas ist, was über das verfaßte Christentum und die verfaßten Kirchen hinausweist und eine bleibende Vision ist, über die Zeiten hinweg, nicht gerade in ein „postreligiöses“ — den Ausdruck würde ich nicht gebrauchen —, aber in ein „postchristliches“ Zeitalter hinein, wo sich die Religionen wieder enger aneinanderschließen und wo vor allen Dingen das Judentum und das Christentum wieder direkter sich ihrer Gemeinsamkeiten bewußt werden. Ich denke an die Vision vom Ausgießen des Gottesgeistes in Joël, Kapitel 3, aus der frühjüdischen, also nachexilischen Zeit.

Danach wird es geschehen, daß ich meinen Geist ausgieße über alles Fleisch; eure Söhne und Töchter werden Propheten sein; eure Alten werden Träume haben, und eure jungen Männer haben Visionen. Auch über Knechte und Mägde werde ich meinen Geist ausgießen in jenen Tagen. Ich werde wunderbare Zeichen wirken am Himmel und auf der Erde: Blut und Feuer und Rauchsäulen. Die Sonne wird sich in Finsternis verwandeln und der Mond in Blut, ehe der Tag JHWHs kommt, der große und schreckliche Tag. Und es wird geschehen, wer den Namen JHWHs anruft, wird gerettet, denn auf dem Berg Zion und in Jerusalem gibt es Rettung, wie JHWH gesagt hat, und wen JHWH ruft, der wird entrinnen. (Joël 3, 1–5)

Das alles mag natürlich auf den ersten Blick wie eine sektiererische Weisheit anmuten, wie eine unmittelbare Anstiftung für ein Leben sozusagen im Hinblick auf die „letzten Tage“. Das allerdings wäre eine falsche Auslegung. Es wird hier mit aller Deutlichkeit die umwerfende Kraft des Geistes Gottes gezeichnet, der wirklich alles umstürzt, das Unterste zuoberst kehrt. Das wird in diesen Bildern zur Sprache gebracht. Der *Tag JHWHs* ist ein Tag, an dem eine komplette Erneuerung stattfindet. In diesem Fall, wo nicht die Tiere als Symbolträger von Leben wie bei Jesaja 11 angesprochen sind, sondern direkt die Menschen mit ihren Schichtungen und Klassen — da werden es eben nicht nur Profi-Propheten sein, die Geistträger sind, und schon gar nicht etablierte Institutionen wie das Königtum, sondern hier geschieht etwas, was wirklich kollektiv virulent wird: Söhne und Töchter, jedermann, Kinder und alte Leute, wer auch immer, werden Geistträger, werden partizipieren an dem Schöpfergeist des Uranfangs. Und von jedem geht dann eine Erneuerung aus — von den kleinen Kindern wie von den alten Leuten. Selbstverständlich gibt es hier keine familiäre Rangstellung mehr, auch das Alter spielt keine Rolle, und es gibt keine Klassenunterschiede mehr, keine *Knechte* und *Mägde.* Wenn wir das bedenken, so ist das ein ungeheurer Durchgriff in die soziale Struktur der damaligen Zeit, wo ganz selbstverständlich gesellschaftliche Schichten eine Rolle spielten, wie sie es auch noch Jahrhunderte später, bis teilweise in unsere Zeit tun. Hier werden eindeutig diese Gesellschaftsschichten aufgehoben angesichts des Geistes Gottes, der jedem seine Chance gibt und die Möglichkeiten seiner Gaben für jeden bereithält. Ich denke, daß die Charakteristik des *Tages JHWHs,* an dem der Gottesgeist kommen soll, eben nicht nach dem „Strickmuster" von Endzeitvorstellungen apokalyptischer Natur beschrieben werden sollte, um Angst zu erzeugen und Schrecken auszulösen und vielleicht einen Sog nach Art von „Rette deine Seele" und dergleichen mehr, als wenn es um individuelles Heil ginge, um diese Sehnsucht oder die Sucht nach dem Davonkommen. Das alles spielt hier im Grunde nur eine vordergründige Rolle. Die Erneuerung von Himmel und Erde, die zeichenhaft angekündigt wird, gibt wie selbstverständlich einen Raum frei, in dem sich echtes Glaubensleben realisieren kann. Diese Sehnsucht nach der Verwirklichung des Friedens, den man im praktischen Leben und in der Geschichte sehnlichst vermißt, den die Gegenwart genauso wenig kennt wie die Geschichte bisher —, diese Sehnsucht verleiht einem solchen Text eine utopische Grundstruktur, die wirklich, solange es Menschen gibt, ihre Gültigkeit behält. Ein solcher Tag kann nur von JHWH konstituiert werden, von dem bewegenden Geist Gottes.

Bei den Schlußversen dieses Kapitels 3 möchte ich ein wenig innehalten, denn es heißt in Vers 5: *Und es wird geschehen, wer den Namen JHWHs anruft, wird gerettet, denn auf dem Berg Zion und in Jerusalem gibt es Rettung.* Das Wort für *Rettung,* das Wort für *Heil* ist im Hebräischen *schua,* und wer den Namen JHWHs anruft, kann teilhaben an dieser *schua.* Und wenn JHWH selber *schua* ist, dann versteht man auch, welche ungeheure Kraft sich in dem Ausdruck JHWH plus *schua* verbirgt. Das sind die beiden Lexeme, die in dem Namen *Jehoschua, Jeschua* und *Jesus* verborgen sind. Der Name *Jesus* bedeutet ja *„JHWH ist Rettung".*

Soweit können wir natürlich einen solchen Text auch in einem messianischen Sinn verstehen. Das heißt aber keineswegs, daß die Christen und ihre Definition des Messias den „Alleinseligmachungsanspruch" hätten oder einen Alleinvertretungsanspruch für das, was wir als den *Kommenden* bezeichnen müßten, worüber wir uns ja bei unserem Nachdenken über den Titel *Menschensohn* bereits verständigt haben. Es geht nicht um mathematische Identität des Jesus von Nazaret mit dem *Kommenden,* so wie ihn Christen und Juden verstehen. Der kommende „Jesus" — in Anführungsstrichen — trägt die Konturen des irdischen Jesus. Darauf kann man sich verständigen. Aber er ist zuallererst der Geistträger, der Repräsentant des rettenden Gottes. Darauf kommt es letzten Endes an — nicht darauf, ob der historische Stellvertreter oder der historisch als Messias auftretende Mensch Jesus bereits alles in sich trägt und birgt und zum Abschluß bringt, was diesem messianischen Anspruch gerecht wird. Ich sehe nach wie vor eine Spannung zwischen *dem, der gekommen ist,* und *dem, der kommt.* Über den Grad der Identität zwischen beiden haben wir nicht zu bestimmen. Wir können aber sagen, daß die prophetische Kraft sich realisiert in dem historisch-geschichtlichen Jesus, freilich mit dem Ausblick, daß *der Kommende* noch klarer der Geistträger schlechthin sein wird, der zugleich der Repräsentant der Erneuerung des Himmels und der Erde ist. Ich denke, daß in dieser Richtung das Gespräch zwischen Juden und Christen über die futurische Dimension des Geistes Gottes und natürlich auch über den Geistträger Jesus weitergeführt werden kann.

2.6 Geist und Kirche

Wir haben uns verständigt über den Geist Gottes als Instanz, die die Zukunft in Händen hält, und haben versucht, diese futurische Perspektive des Geistes der permanenten Evolution und Erneuerung zur Sprache zu bringen, und zwar im Anschluß an biblische Texte, deren Grundton der der Verheißung ist. Dabei ist die Verheißung bezogen auf einzelne Repräsentanten des neuen Gottesvolkes — wie etwa Jes 11 — oder auf alle Glieder des Volkes ohne Klassenunterschiede, so daß Junge wie Alte von diesem erneuernden Geist ergriffen werden können. Die Christen sind gewohnt, Verheißungen als etwas Vorläufiges anzusehen, das mit einer Erfüllung verbunden ist, und traditionsgemäß haben wir die Erfüllung im Neuen Testament oder im Glauben der Kirche erkannt. Ich bin überzeugt, daß damit ein wesentliches Element der Verheißung unterdrückt ist, zumindest suspendiert. Denn die Verheißung gilt ja einer Utopie, und dieses utopische Miteinander steht noch aus. Ein Blick in unsere Gesellschaft lehrt deutlich, daß wir überhaupt noch nicht von einer Durchdringung des öffentlichen Lebens oder gar der Gemeinschaft der Völker im Sinne dieses lebenstiftenden Geistes sprechen können, so daß diese Verheißung noch im Raum steht und die Erfüllung noch aussteht. Gewiß kann man sagen, daß die Botschaft Jesu diese Verheißung aufgreift, daß sie sie intensiviert und daß sie mit seiner Person auch einen gewissen Grad der Erfüllung in sich birgt. Aber es ist immer noch die Verheißung da! Sie ist noch nicht eingelöst. Darum sollten wir bei all den biblischen Texten, die von einer alternativen Zukunft reden, die im Kontrast zur Gegenwart steht, zur herrschenden Gesellschaftsstruktur, davon ausgehen, daß der erneuernde Geist Gottes auf diese alternative Gesellschaft hinzielt, wo die Verantwortlichen „Geistträger“ sind und wo das Volk durchtränkt ist von diesem vitalen, phantasievollen, schöpferischen Geist. Das ist alles Utopie, natürlich, und Utopie ist mit Kritik an der Gegenwart verbunden. Das ist zugleich die Legitimation der Utopie. Sonst ginge es mit unserer Gesellschaft ja nicht weiter. Es würde keinerlei Fortschritt dasein, wenn es nicht utopische Ideen gäbe. Und darum plädiere ich nachdrücklich für diesen Geist der Utopie, den wir im Judentum finden, basierend auf den nachexilischen Texten, insbesondere den frühjüdischen Texten, und meine, daß dieser Geist der Utopie keineswegs im Neuen Testament erschlossen, aufgeschlossen oder völlig zur Sprache gekommen ist. Ich halte vielmehr dafür, daß das Neue Testament diesen Strom der Erwartung auf den Geist Gottes *verstärkt*, daß das eigentliche Pfingsten noch bevorsteht.

3. Geist in Religion und Glaube

3.1 Amun – der gnädige Retter

Wir betrachten auch noch die entsprechenden Erwartungen und Vorstellungen außerhalb des frühen Judentums, da wir ja den Blick auf die Bibel immer wieder mit einem religionsgeschichtlichen Ausblick verbinden wollen. Außerhalb des Alten Testaments sind es natürlich wiederum die Verehrer des Gottes Amun, die uns hier Beispiele ihres Glaubens geben und der damit verbundenen Dimensionen. Es ist keineswegs so, daß die Verehrer des Gottes Amun diese Verehrung nur in einem offiziellen Tempelkult vollzogen haben. Sie haben es auch in persönlicher Frömmigkeit getan, und sie waren auch der Überzeugung, daß der Geist Gottes – personifiziert in diesem Gott Amun – für die Erneuerung von Schöpfung und Menschheit zuständig ist. In den sogenannten ramessidischen Hymnen, die aus der persönlichen Frömmigkeit geboren und auch noch für die ägyptische Spätzeittheologie noch von großer Bedeutung gewesen sind, heißt es in einer Anrede an diesen Gott Amun, der ja nun wirklich alles, was wir über außerbiblische Geistvorstellungen sagen können, in sich birgt:

Wie glücklich bist du,
wie glücklich bist du, Amun,
wie glücklich bist du.
Es beglückte dich, die beiden Länder zu gründen –,
und du knüpftest das Volk.
Wohlgegründet sind die Länder unter deiner guten Bestimmung.
Du bist glücklich.

Dazu ein kurzer Kommentar: Die Vereinigung der beiden Länder ist ein Symbol, das heißt, die Vereinigung von Ober- und Unterägypten ist ein Zeichen für die Herstellung der gültigen Ordnung, ja sogar immer die Erinnerung an das wahre Paradies, wo es keine politischen Streitigkeiten, Auseinandersetzungen, Feindschaften gibt. Im Gegenteil, wo die Länder miteinander verknüpft sind und kooperieren, da gibt es sinnvolle Ordnung, und da ist der Geist Gottes präsent. Dem Chaos wird Widerstand entgegengesetzt. Hier wird deutlich, daß Amun gefeiert wird als der Gott, der garantiert, daß es immer wieder zu einer Vereinigung kommt. Weiter heißt es:

Wie heiß bist du,
wie heiß bist du, AMUN,
wie heiß bist du.
Du bist der Geduldige,
durch den das Leben entstand.
Ungeduld ist fern von deiner Majestät.
Immer werden Erben auf Erden sein.

Amun beherrscht also mit seinem Engagement, mit seiner Souveränität die Zukunft des Landes! Die Prädikationen erinnern an Preisungen, wie sie die christliche Tradition in ihren liturgischen Hymnen an den Heiligen Geist bereithält.

Wie gut bist du,
wie gut bist du, Amun,
wie gut bist du.
Du bist gut zu jedermann,
Hirte, der die Vergebung kennt,
der das Flehen hört dessen,
der zu ihm ruft;
der das Herz zuwendet,
der Luft gibt.

Da sage einer, solche Texte könne man als Christ nicht sprechen! Sie sind aus der Mitte religiöser Überzeugung gewachsen und reden damals wie heute die Sprache des Glaubens an den Gottesgeist als Retter und Helfer in der Not. Mit dem schöpferischen Wirken des Geistgottes kehrt der Frieden ein:

Wie schön bist du,
wenn du gnädig bist.
Du hast dir die Menschen geschaffen.
Die Erde ist deine schöne Insel.
Übel und Streit sind gefallen.

Dann folgen kommentierende Texte, hymnische Texte, die noch einmal deutlich machen, daß es sich eben nicht nur um eine Privatbeziehung zwischen König und Gottheit handelt, sondern daß auch in Ägypten das Volk davon profitiert, daß der Gott Amun, der Geistgott, wirkt.

Deine Strahlen, sie verkünden dich
in den Augen der Festlands- und Inselbewohner.
Die Bewohner der Unterwelt umringen dich mit Preisungen,
die Lebenden verneigen sich vor deinem Aufgang.
Das Himmelsvolk tanzt vor dir, deinem Angesicht.
Volk und Vornehme beten dich an.
Wild und Herden wenden sich zu dir.
Alle Pflanzen drehen sich nach deiner Schönheit.
Es gibt kein Leben für das, was dich nicht sieht.
Wie stark bist du,
wie stark bist du, unsere Sonne,
wie stark bist du…
Strahlender am Morgen, du hast den Ozean beglänzt,
du hast alle Geschöpfe aufgeweckt und ihnen die Wege geöffnet,
ihr Hirte, du ließest sie aufleben und sorgst für ihren Schutz.

Diese Proben mögen genügen, um zu zeigen, wie stark die Ägypter ihrer ganzen theologischen Ausrichtung nach und über die Jahrtausende hinweg der Menschheit – natürlich zunächst dem Volk der Ägypter, aber durchaus ohne nationale Verbissenheit und Engstirnigkeit – die vitale Kraft Amuns zugesprochen haben. In der berühmten Erzählung des Wenamun, die am Ende der Ramessidenzeit geschaffen wurde und auf die wir bereits kurz eingegangen sind, ist ausdrücklich davon die Rede, daß der Geist Gottes, der Gott Amun, die Kunstfertigkeit und alles Wissen, was er den Ägyptern gegeben hat, auch den Nachbarvölkern übergibt: eine der markantesten Stellen, die zeigt, wie sich die gesamten Kulturen des Mittelmeerraumes letzten Endes auf das zurückführen lassen, was in Ägypten programmatisch entwickelt wurde über Jahrtausende hinweg. Nur wir Christen tun uns offenbar immer noch schwer, diesen Urquell von Religiosität vorurteilslos wahrzunehmen und zur Vertiefung unseres eigenen glaubenden Bewußtseins auszuschöpfen. Mit einer bereitwilligen Öffnung christlicher Spiritualität hin zu einer Hereinnahme vor-

und nebenchristlicher Glaubenszeugnisse kann nur eine fruchtbare Bereicherung einhergehen.

3.2 Eine „weibliche" Wirklichkeit

Ich möchte noch ein weiteres Thema zur Sprache bringen, das wir im Verlauf unserer Überlegungen schon einmal gestreift haben. Es geht darum, wie wir die Weiblichkeit als tragendes Element göttlicher Wirklichkeit im Alten Testament und außerhalb des Alten Testaments mit dem Geist Gottes verbinden können. Wir verdanken es gegenwärtig den Einsichten der feministischen Theologie, daß hier neue Vorstellungen erschlossen worden sind, die allerdings noch im Ansatz dastehen und noch nicht durchscheinend gemacht worden sind. Entscheidend ist wohl, daß überhaupt der Blick darauf gelenkt worden ist, und all den Theologinnen, die sich hier engagiert haben, muß man dankbar sein, daß sie die Theologie auf diese Pfade führen. Und es muß zu einem — natürlich gesamttheologischen — Gespräch darüber kommen: Was verbindet *Geist Gottes* mit der Weiblichkeit? Da hat es „Schnellschüsse" gegeben in früheren Jahren, insbesondere in bezug auf den Ausdruck *Ruach,* der am Anfang der Genesis, Gen 1,2, erstmals vorkommt und dann an weiteren Textstellen im Alten Testament meistenteils ebenfalls mit einem weiblichen grammatischen Geschlecht erscheint. *Der Geist Gottes* — so übersetzen wir ja in der Regel — *schwebte über den Wassern.* Korrekter müßte es lauten: *Die Ruach Elohim war flatternd über den Wassern.* ***Die*** *Ruach Elohim! Elohim* ist eine Gottesbezeichnung, und *Ruach* müßten wir eigentlich unübersetzt lassen, weil dieses Wort wirklich nicht einfach mit *Geist* zutreffend und erschöpfend ausgelotet ist. Zu viele Dinge verbinden sich andererseits natürlich auch mit dem Ausdruck *Geist,* als daß es nicht immer wieder zu Mißverständnissen gekommen wäre.

Es ist voreilig, wenn wir das hebräische Wort *Ruach,* das häufig — überwiegend, aber nicht ausschließlich — weiblich konstruiert wird, als von vornherein ausschließlich — auch inhaltlich und sachlich — mit Weiblichkeit verbinden, es also auch semantisch feminin verstehen. Das kann man aus der grammatischen Form, für sich genommen, nicht erschließen. Die Wörter, die einen femininen Artikel haben, sind ja nicht ausschließlich für Weiblichkeit in Anspruch zu nehmen und umgekehrt die Wörter, die einen männlichen Artikel haben, auch nicht unbedingt nur für männliche Interessen oder Vorstellungen. Das heißt also, die grammatische Geschlechtsdifferenzierung geht ihre eigenen Wege. Sie kann allerdings auf die semantische Seite einwirken, und umgekehrt: Eine gewisse gesellschaftliche Orientierung und Sprachkontrolle kann zu neuen Geschlechtsbestimmungen führen. Wir erleben das ja nicht nur an der Orthographie in unseren Tagen, wie sehr eben gesellschaftliche Aufbrüche, Erkenntnisse einwirken können auf die Sprachgestalt, daß man bewußter bestimmte Ausdrücke wählt oder eben auch Geschlechtsdifferenzierungen vornimmt. Nur, wenn wir auf die hebräische Sprache schauen, so ist diese zunächst nicht dadurch gekennzeichnet, daß das weibliche Geschlecht bei einem Wort ausschließlich weibliche Dimensionen in den Blick nimmt. Und trotzdem: Wir kommen nicht an der Tatsache vorbei, daß *Ruach* sowohl — und zwar überwiegend — weiblich gebraucht wird als auch in einigen Fällen männlich. Das zeigt bereits, daß dieses Wort übergeschlechtliche Konnotationen hat oder haben kann. Ich will jetzt nicht ausschließlich oder exklusiv operieren. Das Wort erfaßt eine Beziehung, die im Grunde unserer menschlichen Geschlechterdifferenzierung vorausgeht und noch elementarer den umfassenden, alles Leben umgreifenden Charakter in sich trägt, so daß selbstverständlich all das, was wir mit dem Weiblichen verbinden, in dieser *Ruach Gottes* enthalten ist, aber wir würden wahrscheinlich die Türen zu schnell zumachen, unberechtigterweise, wenn wir damit sagten, hier sei alles, was das Leben in sich birgt, bereits enthalten. Wir müssen diese grundsätzliche Offenheit bewahren in unserer Vorstellung von dem, was Leben ist. Aber selbstverständlich ist es so, daß die tragende Grundlage das weibliche Leben ist, das in *Ruach Elohim* zur Geltung kommt. Aber wie können wir das belegen? Da es nicht möglich ist, allein von der grammatischen Bestimmung auszugehen, können wir es nur über den Kontext versuchen.

Ich darf daran erinnern, daß die Rede von *der Ruach Elohim* zuerst verbunden ist mit dem weiblichen Partizip *flatternd (über den Wassern)*, wobei an ein Vogelwesen gedacht ist, an ein Vogelwesen, das die Flügel ausbreitet, einerseits über den chaotischen Wassern, zum andern aber über dem Urei, das sich allmählich herausbildet und das die Lebenszone enthält, wo sich Leben entwickeln kann. Ich erinnere an unsere Überlegungen zum kosmogonischen Weltbild der Ägypter, und auch natürlich konkret an Gen 1. Wir haben ja gesagt, daß die Wirksamkeit des Geistes Gottes der Erschaffung der Lebenszone und der Lebenszeit vorangeht, wobei die Lebenszone und Lebenszeit so dargestellt werden, als handle es sich um ein riesiges Urei. Der Himmel wird hier aufgefaßt wie eine riesige Eierschale, die das Leben abgrenzt von dem, was lebensgefährlich ist. Diese Grundvorstellung, die die Ägypter aus dem Alltagsleben gewonnen haben, hat man auch in Israel übernommen. Die Vorstellung von dem Urei des Weltgeschehens aber — die kann ja mit nichts anderem als mit der Weiblichkeit des Gebärens verbunden werden! Dieses zu schützende Urei, das der Urvogel mit seinen Flügeln überdeckt, das ist — vom Kontext her gesehen — die eigentliche Auslegungsmöglichkeit und die Dimension, die uns berechtigt, von der Weiblichkeit dieses bestimmenden Lebensgeistes zu sprechen. Nochmals: Nicht die Grammatik, das grammatikalische Geschlecht allein, sondern vor allem diese mythologische Konnotation, diese durch den Kontext gegebene Sinngebung berechtigt uns zu sagen, *Ruach Elohim* bezeichne eigentlich den Mutterboden der Schöpfung und drücke nichts anderes aus als dieses Lebensprinzip, das dafür sorgt, daß es mit dem Leben weitergeht, daß es Schöpfung und Neuschöpfung gibt.

Das haben die Ägypter bereits gesehen, und wir finden dort auch entsprechendes Material, das uns hier weiterhilft. Es ist vor allen Dingen Material, das in der Oase Charga im dortigen Darius-Tempel enthalten ist. Der in der Perserzeit entstandene Tempel ist Amun gewidmet. In einem an ihn gerichteten Hymnus heißt es:

Deine allererste Stätte war auf dem Urhügel in Hermupolis,
als du landetest im Messersee.

Du erschienst in der Flut als verborgenes Ei.
Die Göttin Amaunet war in deinem Gefolge.

Ein solcher Text ist natürlich aufs erste sehr rätselhaft. Hermupolis ist eine alte Kultstätte, in der besonders die Vorstellung von der chaotischen Urwelt und den folgenden Lebensgarantien entwickelt worden ist. Die Vorstellungen von Hermupolis wurden dann auch in der Hauptstadt Theben bekannt und sind dort weiterentwickelt worden. Auch die Vorstellung vom *Messersee* gehört in den Traditionsbereich von Hermupolis. – Zwei Aussagen erscheinen mir hier interessant: daß Amun selbst in diesem Ei verborgen ist, daß er sich nicht zu „schade" ist – dieser Gott, der aufsteigt –, in der Schöpfung präsent zu sein, und daß zugleich mit ihm seine weibliche Partnerin, die Göttin Amaunet – Amaunet ist die weibliche Form von Amun –, in seinem Gefolge ist. Der Ägypter hatte, wenn er von einer Gottheit sprach, wie selbstverständlich die Partnerin-Gottheit im Blick, aber auch die übergeschlechtliche Rolle, die einer Hochgottheit innewohnt. So konnte man von Amun sagen, er könne gebären und er könne zeugen, beides. Aber man darf nicht das eine ohne das andere denken. Nicht nur dieser berühmte Hymnus aus der westlichen Oase, sondern auch andere Texte bezeugen, wie eng die Vorstellung vom Geistgott Amun mit der Schöpfung, mit der Menschheit, aber auch – präzise genommen – mit der Mutterschaft, dem Mutterboden allen Lebens, verknüpft ist.

Nun ist das auch im Alten Testament greifbar. Man sollte also Gen 1,2 als Signal in dieser Richtung ausloten. Das Lebensprinzip, das selbstverständlich die Tiefe der Erneuerung, die aus dem Mutterschoß kommt, einbezieht, die Tiefe der Erneuerung, die mit dem weiblichen Konnex zum Leben und zur Lebenserneuerung verknüpft ist – das kommt bei der *Ruach Elohim* zur Geltung. Und es kommt zur Geltung und muß mitbedacht werden bei der Gabe, die den Propheten zuteil wird, muß mitbedacht werden bei der Gabe, die Gruppen zuteil wird als verbindendes, lebenstiftendes Element, und es muß bedacht werden bei futurischen Erwägungen, also auch bei der Utopie einer kommenden anderen Gesellschaft: daß eine kommende Gesellschaftsordnung durchtränkt sein müßte von dem Gedanken an den erneuernden, aus dem Mutterschoß kommenden neuen Lebensgeist und den

Geist der Phantasie, der Lebensnähe und Natürlichkeit, die mit der Weiblichkeit verbunden ist.

Auch unsere geschlechtliche Differenzierung reicht ja nicht aus, um die Fülle von Leben zu erfassen! Das haben die alten Religionen durchaus gewußt; sie haben immer wieder neue Bilder entfaltet, um die Vielfalt von Leben wenigstens bewußtzumachen. — Dessen sollten wir auch in unserer theologischen Diskussion eingedenk sein, daß immer noch etwas hinzukommen kann! Es kann nie um Verengung gehen, sondern immer nur um Offenheit. Die Möglichkeiten sind grenzenlos! Es gibt für jedes Lebensalter eine Prägung von Lebenserwartung und Lebensfreude, es gibt da Relationen phantastischer Art, die immer auftreten können, unabhängig vom Alter. Da sind der Phantasie keine Grenzen gesetzt.

Daß gerade dieser Gedanke vom Urei keineswegs zum fossilen Bereich überlebter Gottes- und Mensch-Vorstellungen aus mythischen Zusammenhängen gehört, sondern in der Theologie unbedingt weiter bedacht werden muß, zeigt uns ein Theologe, der vor Jahren, zur Zeit des Konzils, eine große Bedeutung hatte und vor kurzem gestorben ist, Yves Congar, dessen Persönlichkeit von Hans Küng noch vor kurzem gewürdigt worden ist. Congar hat sich 1979 über die Mütterlichkeit in Gott und die Weiblichkeit des Heiligen Geistes geäußert und hier ganz bewußt sowohl religionsgeschichtliche wie auch alttestamentliche Perspektiven eingebracht: *„Die Genesis (1,2) zeigt uns, wie der Geist, die ruach Gottes, gleichsam das befruchtete Weltei ausbrütet. Desgleichen vollzieht er mütterlich den Plan des Vaters zu Beginn der Neuschöpfung: Zeugung des Sohns in unserer Menschennatur (Lk 1,35), in seiner messianischen Funktion (die Taube schwebt über Jesus, als die Stimme des Vaters sagt: ‚Du bist mein Sohn' (Mk 1,10f, Lk 3,22), bei seiner Wiedergeburt, in seiner Auferstehung und Verherrlichung. Doch diese mütterliche Funktion des Geistes gegenüber Christus, unserem Haupt, übt der heilige Geist auch aus an dessen Leib und Gliedern. Pfingsten ist für die Kirche das gewesen, was die Verkündigung für Christus gewesen war, und der Geist bringt unablässig Christen hervor."* Diese Schrift von Yves Congar ist unbedingt empfehlenswert, weil sie gerade den wichtigen Aspekt der Beziehungen auf die Religionsgeschichte und das Alte Testament besonders herausstellt.

3.4 Die „Vermännlichung" Gottes

Wir haben im Verlauf der Religionsgeschichte eine merkwürdige Feststellung zu machen, und zwar eine Feststellung, die bis in unsere Zeit weiterwirkt. Wie kommt es, daß der Geist immer mehr vermännlicht worden ist? Wie kommt es denn, daß wir nur noch von *dem* Geist sprechen? Das hat sicher mit religionsgeschichtlichen Verengungen zu tun. Diese ursprüngliche Offenheit, die noch sagen konnte, daß die Welt in Verbindung mit dem Sonnengestirn immer wieder aus dem Mutterschoß herauskommt, immer aufs neue, diese elementare, umfassende mythologische Vorstellung, die so viel Phantasie braucht, ist im Laufe der Zeit zurückgegangen und zurückgedrängt worden, nicht völlig verloren, das nicht, aber der Hochgott, *der* Hochgott, wurde zunehmend im Sinne des Geistträgers verstanden. Amun hat auch in Ägypten seine weibliche Dimension immer mehr zurückgedrängt. Aber dadurch daß beispielsweise das Griechentum in Ägypten Fuß faßte und Amun mit dem neutrischen Pneuma verbunden wurde, vor allem aber mit Zeus, da war sofort eine Vermännlichung da, die dann ihre Folgen hatte. Folgen auch für die Übersetzung derjenigen Texte, die im Alten Testament zunächst noch offen waren für die weibliche Dimension: Das griechische Wort *Pneuma,* mit dem *Ruach* wiedergegeben wurde, ist viel stärker mit dem Wind, mit dem Sturm verbunden als mit dem Mutterschoß; *spiritus,* Spiritualität, wurde nun männlich begriffen, so daß keineswegs mehr die elementare Phantasie der mythologischen Vorstellungen greifbar war.

Ich sehe Mythos als etwas durchaus Positives an, weil er gesamtmenschlich ist und die Wirklichkeit in ihrer Bildstruktur darzustellen versucht, also nicht lehrhaft oder dokumentarisch. Das scheint mir ein eher fragwürdiger Vorzug der Theologen zu sein, daß sie die Neigung haben, von den mythologischen Vorstellungen abzusehen und sie gar zu disqualifizieren, um dafür um so lieber ein kontrollier- und memorierbares Lehrsystem zu errichten. Ich will hier natürlich keine Vereinseitigung betreiben, doch man hat immer wieder den Verdacht, daß Lehrsysteme viel stärker männliche Interessen verraten, während Frauen viel weniger Hemmungen haben, mit Bildern in ihrer elementaren Kraft umzugehen. Es ist ein Verdienst der feministischen

Theologie, wenigstens den Finger auf diese Wunde der von männlicher Dominanz geformten Theologiegeschichte gelegt zu haben, eine notwendige Provokation für die Theologie heute.

3.5 Chokma und Sophia

Es ist mithin rundum im Mittelmeerraum zu einer allmählichen Verdrängung der weiblichen Dimension gekommen, aber doch nicht so, daß sie sich sozusagen aus den Überlegungen zum Schöpfungsgeschehen hätte herausdrängen lassen. Es hat sich sowohl in Ägypten wie auch vor allem im Alten Testament eine andere Größe Gehör verschafft, die in engster Nähe zum Schöpfergott steht, und das ist die Vorstellung von der urgründlichen *Weisheit,* griechisch *Sophia,* hebräisch *Chokma.* Auch diese Ausdrucksform ist wieder grammatisch feminin und knüpft an die Vorstellungen vom universalen Lebensprinzip an, in dem Sinne, daß diese *Chokma* oder *Sophia* das Lebenswissen vermitteln will, das für den Menschen in der Begegnung mit seiner Welt und Umwelt nötig ist. Diese Größe konnte sich etablieren, weil man auch außerhalb des Alten Testaments von dieser weiblichen Natur der Weisheit wußte: Die Weisheit galt in Ägypten als eine Göttin. Es war die Göttin Maat, und man nannte sie: *Tochter des Sonnengottes Re.* Nicht von ungefähr vereinigt das Amunkryptogramm gern den Widder als eines der Attributtiere des Amun und eine Darstellung der Göttin Maat. Auf einer Stele im Louvre wird der Amuns-Widder stehend auf dem Sockel dargestellt, der nach der Hieroglyphe „Maat" gestaltet ist. Hier handelt es sich um eine vertiefende Vorstellung von der kosmischen Bedeutung Amuns, der letztlich aus dem Chaos heraus in die Rolle des Sinn- und Ordnungstifters hineingewachsen ist. Diese Idee der ursprünglichen Liaison des Weltschöpfers mit der Maat ist möglicherweise noch tiefer in der Religionsgeschichte verwurzelt als die Idee von der weiblichen Dimension des „Geistes Gottes". Denn die Idee, daß die Weisheit eine Göttin sei und dazu Tochter des Sonnengottes, hat sich in Ägypten bis in die späteste Zeit hindurch gehalten und konnte auch auf die palästinische *Weisheit* und Lebensvorstellung übergreifen, so daß wir die feminine Strukturierung der *Chokma,* der *Weisheit,* nicht lösen können von diesem mythologischen Urgrund und der Überzeugung, daß die Göttin der Weisheit letzten Endes die Garantin dafür ist, daß Lebenslehre wirklich *Lebens*lehre ist. Sie ist die Patronin — kann man geradezu sagen — der Lebenslehre überhaupt geworden. Letzten Endes profitiert davon natürlich auch die Vorstellung von der biblischen *Gerechtigkeit* — ein anderes Wort, das versucht, der ägyptischen Vorstellung von der Maat zu entsprechen, nämlich die *Sedâqâ, Gerechtigkeit* — ein Parallelwort, ein zum Teil synonymes Wort für *Chokma,* soweit es um die „Richtigkeit“, um die rechte Lebensordnung geht. *Sedâqâ* ist eben nicht nur juristische Gerechtigkeit, sondern sie ist das Ordnungsprinzip. Die *Iustitia,* die lateinische *Iustitia,* die personifizierte Gerechtigkeit — uns von den verschiedensten Darstellungen her vor Augen —, ist so ein letzter Nachklang der mythologischen Erinnerung, daß die *Gerechtigkeit* in Verbindung mit der *Weisheit* schon seit der Schöpfung präsent ist. Die Ägypter konnten diese Einsicht in Bild und Wort ausdrücken, und auch das biblische *Buch der Sprüche* vermochte das noch deutlich auszuführen:

Der Herr hat mich geschaffen im Anfang seiner Wege,
vor seinen Werken in der Urzeit.
In frühester Zeit wurde ich gebildet,
am Anfang, beim Ursprung der Erde.
Als die Urmeere noch nicht waren,
wurde ich geboren,
als es die Quellen noch nicht gab, die wasserreichen.
Ehe die Berge eingesenkt wurden,
vor den Hügeln wurde ich geboren.
Noch hatte er die Erde nicht gemacht und die Fluren,
und alle Schollen des Festlands.
Als er den Himmel baute, war ich dabei,
als er den Erdkreis abmaß über den Wassern,
als er droben die Wolken befestigte,
und Quellen strömen ließ aus dem Urmeer,
als er dem Meer seine Satzung gab,
und die Wasser nicht seinen Befehl übertreten durften,
als er die Fundamente der Erde abmaß,
da war ich als geliebtes Kind bei ihm.
Ich war seine Freude Tag für Tag

und spielte vor ihm allezeit.
Ich spielte auf seinem Erdenrund,
und meine Freude war es, bei den Menschen zu sein.
(Buch der Sprichwörter 8,22–31)

Die Ägypter dachten daran, daß die weisheitliche Göttin Maat in der engsten Nachbarschaft des Sonnengottes beheimatet ist, daß beide eine Art Intimverhältnis haben, und so ähnlich klingt es auch noch nach in den *Proverbien*, also im *Buch der Sprüche*, wo die *Weisheit* geradezu als ein Kind dargestellt wird, das vor dem Schöpfergott spielt, die *Weisheit*, die schon zu Beginn der Schöpfung da ist. Die *Weisheit* ist also eine Wirklichkeit, die von Anfang an bei Gott ist, ein Teil der göttlichen Wirklichkeit: Nichts anderes soll dieses Bild ja ausdrücken. Vor dem höchsten Gott spielen und tanzen ist sozusagen ein bildlicher Ausdruck für dieses „Intimverhältnis“ zwischen Gott und der weiblichen Weisheit. Othmar Keel hat auf diesen Umstand in einer kleinen Schrift hingewiesen: *Die Weisheit spielt vor Gott.* Nur ist es so, daß die Theologie auch diese Gedanken längst nicht in ihrer Fruchtbarkeit — ich meine das jetzt wirklich wörtlich — erkannt und gewertet hat. Es ist Aufgabe einer künftigen Geisttheologie, deutlicher herauszustellen, welchen Kontakt das Lebensprinzip des Weiblichen zur Schöpfung insgesamt hat, welcher Erneuerungswert, welcher Impetus davon ausgehen kann, wenn das Interesse der bewußt Denkenden und Lebenden sich dieser Dimension zuwendet.

3.6 Gnostische Vorstellungen

Ich will nicht versäumen, eine Bewegung in ihrer Bedeutung für das Christentum herauszustellen, die als Konkurrenz des frühen Christentums und der Alten Kirche eine ungeheure Bedeutung im Sinn einer echten Herausforderung für christliches Denken gehabt hat: die sogenannte Gnosis. Die Gnosis hier zu charakterisieren ist ein unmögliches Unterfangen, aber ich möchte betonen, daß gerade die Dimension des Weiblichen in Gott von der frühen Gnosis eingebracht worden ist und dem Christentum sozusagen angeboten wurde als eine ganz wichtige Dimension in der Rede vom Geist Gottes. Es hat sich ja in der Alten Kirche allmählich die trinitarische Formulierung von Vater-Gott, von Gott-Sohn und Gott-Heiligem-Geist herausgebildet. Daneben hat die Gnosis gewissermaßen als Alternative vom Vatergott, von der Muttergottheit und vom Logos, vom Sohn, gesprochen. Vatergott: Dieser gilt in der Gnosis als die geheimnisvolle Wirklichkeit, die durch das Pneuma gekennzeichnet ist — der große unsichtbare Geist, so etwa in den Texten aus dem oberägyptischen Ort Nag Hammadi, einer „Fundgrube" für gnostische Literatur. Man darf sich nicht wundern, daß gerade in Ägypten die gnostischen Spekulationen weit verbreitet sind und Früchte gezeitigt haben, weil eben die ägyptische, näherhin spätägyptische Theologie bereits darauf angelegt war, einem Geheimwissen über Gott, Mensch und Welt die Wege zu ebnen. Man denke etwa an die „hermetische" Theologie, benannt nach dem Gott der Künste, des Wissens und der verborgenen Wirklichkeiten, den die Ägypter Thot und die Griechen Hermes nannten. Es ist allerdings noch weitgehend ein offenes Forschungsgebiet, wieweit die spätägyptische Theologie im einzelnen zur Gnosis beigetragen hat. Daß es unbedingt nötig ist, diese Beziehungen näher zu erforschen, das stellt ein Postulat dar.

Die Gnosis spricht von dem unsichtbaren Geist — Gottvater —, spricht dann von der „Mutter", auch in den griechischen Bezeichnungen *Ennoia* und *Pronoia* (Ausdrücke, die mit dem griechischen *nous* zusammenhängen), so daß diese „Mutter" auch mit dem *nous*, mit dem — man kann es kaum übersetzen — „*Geist*" liiert ist, und der Sohn schließlich ist der Logos, das ewige Wort. Diese gnostische Vorstellung wird dann in verschiedenster Richtung entfaltet, so daß das, was mit dieser „Mutter" gemeint ist, immer weiter präzisiert wird. Der „große Geist", der zunächst einmal Ursprung der Schöpfung ist, inkarniert sich gewissermaßen in dieser „Mutter" des Lebens. Diese Überzeugung wird möglicherweise auch in der Anknüpfung an Überlegungen der jüdischen Gnosis vertreten, aber auch da sind die Verhältnisse noch nicht im einzelnen geklärt.

Die Texte von Nag Hammadi haben diese weibliche Größe mit einem Namen belegt. Der Name lautet *Barbelo.* Niemand weiß zur Stunde, woher dieser Name eigentlich kommt. Es gibt verschiedene Deutungsversuche. Einer davon lautet etwa, daß es sich vielleicht um ein hebräisches oder aramäisches Wort handelt, eine Zusammensetzung: *be-arba eloh*, etwa: *In vier ist Gott*, eine Anspielung auf die vier Konsonanten des JHWH-Namens, des sogenannten Tetragramms, also *Barbelo* als geheimer Name für Jahwe. Aber die Forschung hat hier noch keine schlüssige Erklärung gefunden. Diese Gnosis, die man auch als Barbelo-Gnosis bezeichnet, ist jedenfalls eine Konkurrenzerscheinung zum frühen Christentum und bietet eine Vorstellung, die gerade das Weibliche mit dem Geistigen verbindet. Man kann über das Gesagte hinaus in der gnostischen Vorstellungswelt die „Mutter", die mit dem Geist identifiziert ist, als *ennoia* Gottes oder auch als *epinoia* — welche Varianten der Ablautungen von *nous* auch vorkommen mögen — bezeichnen, und es ist nicht verkehrt, diese Vorstellung vom Geist Gottes mit christlichen Konzeptionen zusammenzuführen: wenn etwa der Heilige Geist zur Erwekkung führt, über die *Sophia*, die Weisheit, ausgegossen wird oder auch wenn das Lästern gegen diesen Geist als Sünde bewertet wird. Gerade hierzu hat das Textmaterial von Nag Hammadi eindeutige Hinweise gegeben. Der Geist Gottes ist Beschützer, er ist allanwesend, und seine Lebenskraft, gerade unter Einbeziehung der weiblichen Initiativen, ist unerschöpflich. Die Verbindung: Gott-Geist-Sohn müßte man also auch ausdrücken können als Verbindung: Gott-Muttergöttin-Sohn. So gibt es durchaus eine religionsgeschichtlich erkennbare Verwandtschaft zwischen dem paganen und dem christlichen Modell der Trinität.

In einer Schrift aus Nag Hammadi, die im sogenannten Codex II enthalten ist und keinen Titel trägt, wird geschildert, daß neben „Zebaoth", also dem aus dem Judentum übernommenen, letztlich aber wohl aus Ägypten stammenden Titel für den thronenden Gott, als Untergott zu seiner Rechten Jesus Christus zu sehen sei und zu seiner Linken die „Jungfrau des Heiligen Geistes". Die Reihenfolge ist also: Zebaoth in der Mitte, Jesus an der Erwähltenstelle der rechten Seite, aber auf der linken Seite die „Jungfrau des Heiligen Geistes". Der Geist wird hier also deutlich als feminine Kraft empfunden.

Diese gnostische Anregung hätte für das Christentum von großer Bedeutung werden können, wäre sie ohne apologetische Abwehrhaltung aufgenommen worden. Wir müssen leider feststellen, daß die Theologie erst sehr spät auf diese gnostische

Überlegung eingegangen ist, die ihrerseits in Ägypten gewachsen ist und eben eine uralte mythologische Vergangenheit hat. Das Spektrum der fruchtbaren Ideen in der Gnosis bedarf einer vorurteilslosen und furchtlosen Aufbereitung, gewiß mit nicht unbeträchtlichem Gewinn für die Theologie und das Christentum.

3.7 Rückkehr zum Credo: ... „und vom Sohne"?

Ich möchte abschließend wieder zu unserem Credo zurückkehren, das uns am Anfang die nötigen inspirativen Gesichtspunkte geliefert hat und das ich jetzt eigentlich unter Berücksichtigung unserer Überlegungen neu deuten möchte, und zwar indem ich vom Apostolicum übergehe auf das Nicaenum Constantinopolitanum von 381, in dem die Rede vom Geist Gottes etwas differenzierter ausfällt als im Apostolischen Glaubensbekenntnis. Wir hatten am Anfang zwei Perspektiven genannt, die im Credo zum Ausdruck kommen. Da ist zunächst einmal die Empfängnis durch den Geist Gottes und zum anderen der Geist Gottes als Glaubensgegenstand und als Urgrund der Kirche, so daß wir auch hier beim ausführlicheren Glaubensbekenntnis diese beiden Gesichtspunkte betrachten können: *Er hat Fleisch angenommen durch den Heiligen Geist aus Maria, der Jungfrau, und ist Mensch geworden.* Das ist die eine Seite, und dann: *Ich glaube an den Heiligen Geist, den Herrn und Lebensspender, der vom Vater und vom Sohne ausgeht. Er wird mit dem Vater und dem Sohn zugleich angebetet und verherrlicht. Er hat gesprochen durch die Propheten.* — Diese Formulierung ist nicht die älteste Formulierung des Nicaeno-Constantinopolitanum, denn die älteste Formulierung enthält nicht den Ausdruck: *„und vom Sohne"*. Das heißt, die älteste Fassung geht davon aus, daß der Heilige Geist nur — ausschließlich! — vom Vater ausgeht. Der Zusatz *„und vom Sohn"*, lateinisch *filioque*, ist erst im Laufe der kommenden Jahrhunderte hinzugefügt worden. Das Nicaenum stammt aus dem Jahr 381, und erst auf der achten Synode von Toledo (653) in Spanien wurde der Ausdruck *filioque* — *„und vom Sohne"* — dem Glaubensbekenntnis eingefügt. Zur Zeit der Karolinger wurde es im ganzen Frankenreich gebräuchlich, aber erst auf Bitten Kaiser Heinrichs II., des „Heiligen", wurde es von Benedikt VIII. in der römischen Kirche endgültig dem Glaubensbekenntnis eingefügt (1014). Es gilt als dogmatischer Grund des Schismas zwischen den Kirchen des Ostens und des Westens seit den Patriarchen Photios (867) und Michael Kerullarios (1054). Es hat Versuche gegeben, gerade dieses *filioque* nicht mehr als Trennungsgrund zwischen den Kirchen des Ostens und Westens anzusehen. So hat beispielsweise das Konzil von Ferrara-Florenz (1438/39) eine Hilfestellung geben wollen, ohne allerdings genügend Anklang zu finden: „*Der Heilige Geist geht vom Vater aus, aber das ist nicht so zu verstehen, daß der Sohn ausgeschlossen wird.*" Und so werden jetzt die griechischen Vertreter oder griechischen Zeugnisse einbezogen: „*Der Heilige Geist geht vom Vater und vom Sohn aus, aber so, daß es sich um eine einzige Hauchung handelt, nicht etwa um zwei Hauchungen. Der Heilige Geist ist als der Vorgang aus dem Vater und dem Sohn niemals Anlaß anzunehmen, es gebe zwei Prinzipien und zwei Hauchungen, wo es doch um ein Prinzip und eine Hauchung geht.*" Darauf hat man sich damals verständigt.

Angesichts der Überlegungen, die wir angestellt haben, muten solche Differenzierungen etwas merkwürdig an. Wenn man sich nämlich daran erinnert — um es ganz einfach zu sagen —, daß der Geist Gottes das Prinzip der Schöpfung insgesamt ist, nicht nur das Prinzip der Erschaffung des Menschen, dann wird man sich eigentlich durch solche Streitigkeiten und Engführungen etwas abgeschreckt fühlen und keine Lust haben, sich allzusehr in diese Debatten einzuschalten.

Trotzdem: Diese Differenzierung und diese Spannung zwischen Ost und West sind bis heute nicht überwunden. Ferrara-Florenz hat offenbar nicht genügend Wirkung gezeitigt, so daß wir heute noch mit der orthodoxen Theologie in Spannung stehen. Das wird dadurch, daß die orthodoxe Theologie jetzt bei uns stärker vertreten sein wird, sicher noch deutlicher zutage treten, und vielleicht gibt es auch neue Versuche, wieder zurückzukommen auf das, was eben Geist Gottes vom Prinzip her bedeutet, daß man ihn einfach von seiner Herkunft her weder aufteilen noch zuteilen kann. Eine Differenzierung unsererseits, welche Kraft Gottes verantwortlich ist für die Aussendung des Geistes Gottes, scheint mir unmöglich.

Ich möchte gerne noch auf folgendes hinweisen. Woher kommt es denn eigentlich, daß die Ostkirchen, ausgerechnet die

Ostkirchen, so sehr auf den Hervorgang des Geistes Gottes aus dem Vater dringen und dem *filioque* so abwehrend gegenüberstehen? Es liegt wahrscheinlich daran — ich habe selbst einmal diese These vor Jahren vertreten, und ein amerikanischer Religionswissenschaftler hat ganz unabhängig von mir fast gleichzeitig diese These aufgestellt —, daß die beherrschende religiöse Tradition im Osten eben diesen Zusammenhang zwischen dem Vatergott und dem Geistgott über Tausende von Jahren herausgestellt hat. Ich denke wiederum an die ägyptisch-koptische Tradition, die diesen Aspekt so gewichtet hat, daß der Vater und der Geist — wie dieser Geist auch immer zu fassen ist — ganz eng zusammengehören, natürlich auch Geist als „Mutter", der Vatergott, der mit dem Geist eine Liaison eingeht, um Zeit und Ewigkeit zu gebären, also eine Vorstellung, die in Ägypten seit jeher geglaubt wurde und in den östlichen Raum offenbar stärker hineingewachsen ist als je in den westlichen. Vielleicht liegt es daran, daß es einen geradezu archetypischen Vorbehalt gibt in den Kirchen des Ostens, diese westlich orientierte Vorstellung vom *filioque* weiter aufzunehmen oder sie substantiell anzuerkennen.

3.8 Jesus und das Pneuma

Allerdings muß man bedenken: In der Enzyklika *Dominum et vivificantem* vom 18. Mai 1986 wird der Geist Gottes in einer theologisch-spirituellen Reflexion als *„Selbstverschenkung der göttlichen Liebe"* aufgefaßt, wobei vor allem Formulierungen des Johannesevangeliums maßgebend sind. Es wird betont, daß die Rede vom Geist Gottes besonders anknüpft an das Fortgehen Jesu, daß der Geist Gottes gewissermaßen als „Beistand" zugesagt wird, nachdem Jesus aus dieser Welt in seine Welt gegangen sei: *Es ist gut für euch, daß ich fortgehe. Denn wenn ich nicht fortgehe, wird der Beistand nicht zu euch kommen; gehe ich aber, so werde ich ihn zu euch senden* (Joh 16,7). *„Das Fortgehen Christi durch das Kreuz"* — ich zitiere aus dieser Enzyklika — *„enthält erlösende Kraft, und sie bedeutet auch eine neue Gegenwart Gottes in der Schöpfung: der neue Anfang der Selbstmitteilung Gottes an den Menschen im Heiligen Geist."* Diese Überlegung, den Heiligen Geist in erster Linie mit dem Weggang Christi zu verbinden, kommt in der folgenden Formulierung ganz präzise zum Ausdruck: „*Der Heilige Geist kommt um den Preis des Fortgehens Christi.*"

Ob dieser Aspekt, daß das Fortgehen Jesu der Auslöser sei für die neuschaffende Wirklichkeit des Geistes Gottes in der Kirche, ausreicht oder wenigstens dazu verhilft, das Gespräch mit der Ostkirche weiterzuführen, möchte ich dahingestellt sein lassen. Ich halte es gegenwärtig für sinnvoller, auf den Geist Gottes und seine Initiativkraft von Anfang an, auf seine Präsenz in der Schöpfung, und zwar auch in der Schöpfung außerhalb des Menschen — die Enzyklika nimmt nur auf die Schöpfung des Menschen Rücksicht — hinzuweisen. Auch für eine zukünftige Öko-Theologie ist es wichtig, zum Ausdruck zu bringen, daß der Geist Gottes von Anfang an in der Schöpfung präsent ist. Wer einmal ahnungsweise erfaßt hat, welche umfassende Lebensfreude in diesem Geist Gottes verborgen ist, daß er das darstellt, was Leben insgesamt bedeutet in Abwehr aller chaotischen Mächte, der wird sich vor jeder Einschränkung hüten und nicht mehr definieren wollen, wann der Geist kommt. Die johanneische Perspektive ist durchaus ehrenwert, natürlich, und sie spielt sicher eine gewaltige Rolle in der traditionellen Christologie; sie kann ja auch begründen, in welchem Verhältnis Jesus zur Kirche beziehungsweise zum in ihr erfahrbaren Geist Gottes steht, aber sie kann nicht genügend deutlich genug machen, daß der Geist Gottes immer da ist: Er kommt nicht erst — sozusagen —, wenn jemand geht! Mir ist wichtig, daß die neuschöpferische Kraft Gottes von allem Anfang an da ist, und sie kann nicht einfach — wie auf einer Bühne — verschwinden und wiederkommen. Der Geist Gottes ist und war immer da, auch außerhalb der Kirche, und er wird immer da sein.

Selbst wenn ich von Neuschöpfung rede, kann ich diese Neuschöpfung nicht ausschließlich auf christliche Erwägungen beziehen. Es gibt Neuschöpfung auch nach den Vorstellungen des Alten Testaments, und es gibt Neuschöpfung nach den Vorstellungen außerhalb der Bibel. Dieser Geist Gottes ist die Neuschöpfung selber, weil er nämlich ständig in der Verlebendigung sich ereignet. Und darum kann man meines Erachtens nicht sagen: Von da ab kommt der Geist Gottes wieder, mit der Unterstellung womöglich, daß er zuvor nur halb oder gar nicht da war. Diesen Verdacht möchte ich ausschließen – bei allem Verständnis für die im Johannesevangelium vertretene Grundidee, daß der Beistand kommt und so die Traurigkeit der Zurückgebliebenen überwindet. Aber: Er ist immer schon da, der Beistand! Und er ist auf gar keinen Fall unserer kleinlichen Regie überantwortet. So weit können wir – meiner Überzeugung nach – nicht urteilen. Die Neuschöpfung vollzieht sich nach einer Eigengesetzlichkeit, die ihre Maßstäbe nur aus Gott bezieht. Ein außerordentlich großes und tiefes Zutrauen zur Gegenwart des Heiligen Geistes ist am Platz. Nur Kleinglaube kann seine Präsenz dort leugnen, wo Menschen in aufrichtiger Sorge um ein Miteinander bodenständiger Religiosität und außerchristlich geprägter Kultur mit der christlichen Botschaft ringen. Der Fall des indischen Theologen Balasuriya und sein „Fall" in Suspension und Exkommunikation ist ein eklatantes Beispiel für ein offizielles Verzagen und Versagen vor dem Glauben an den Heiligen Geist.

3.9 Atme in mir!

Ich möchte gerne noch einige „Erträge" formulieren, die unmittelbar mit dem zusammenhängen, was ich gerade dargelegt habe. Ich plädiere dafür, im Glaubensbekenntnis die ungeheure Vitalität Gottes wahrzunehmen, die durch die Chiffre *Geist* in allen ihren Dimensionen ausgedrückt ist. „*... empfangen durch den Heiligen Geist*" besagt diese unerschöpfliche Vitalität und heißt, daß diese uns in Jesus nahe gekommen ist, daß wir über die Menschenfreundlichkeit hinaus die Freude an der Schöpfung und am Leben überhaupt erkennen dürfen. – Ich plädiere weiterhin dafür, daß der Glaube an den Geist Gottes, Herrn und Lebenspender, in Aufnahme auch der weiblichen Dimension, die so tief verwurzelt ist in der Religionsgeschichte, verstanden werden muß als eben die schöpfungsbezogene Wirklichkeit, als die Triebfeder, als die Kraft, die aller Bewegung innewohnt, die auch die Gemeinschaft zusammenhält, die Gemeinschaft der Gläubigen, wie wir das schon in ägyptischer Gebetsliteratur erkennen können, daß der Schöpfergott hinter allem steht und wirkt, was wir an Bewegung beobachten.

Die Formulierung im Nikodemus-Gespräch — im dritten Kapitel des Johannesevangeliums — macht eindeutig klar, wie man sich im Neuen Testament die Bewegung des Geistes Gottes vorstellt:

Der Wind weht,
wo er will;
du hörst sein Brausen,
weißt aber nicht,
woher er kommt
und wohin er geht. (Joh 3,8)

Diese Formulierung erscheint in ägyptischen Texten bis in die allerspäteste Zeit. Es sind Formulierungen, die man zunächst auf gnostische Literatur zurückgeführt hat. Der berühmte Kommentar von Rudolf Bultmann zum Johannesevangelium, der sich eben dadurch auszeichnet, daß er die gnostischen Hintergründe aufzuarbeiten sucht, bemerkt gerade zu dieser Stelle, hier seien gnostische Formulierungen maßgebend und inspirativ gewesen. Ich möchte einfach den Hintergrund weiter ausleuchten. Die Gnostiker sind zu einem erheblichen Teil Erben der ägyptischen synkretistischen Religion, und sie fußen auf spätägyptischen Vorstellungen, die ihrerseits alte mythologische Vorbilder haben. Die Reden über Amun als den Geistgott, dessen Herkunft und dessen Bewegung man nicht kontrollieren kann, sind uralt. Ich meine, daß diese Brücke nach wie vor eine gewaltige Bedeutung hat, die vom altägyptischen Bereich über das Alte Testament, aber auch direkt hinein in die mediterrane Welt geschlagen worden ist. Die Brücke führt aber auch zu den Enden der heute erfahrbaren Welt. Der göttliche Geist ist überall dort, wo Bewegung ist, auf unserem Planeten und im Weltall.

Ich zitiere zum Schluß eines der berühmtesten Gebete, dem bekannten Heiligen und Kirchenlehrer Augustinus zugeschrieben, mit einigen Bitten, die an den Heiligen Geist gerichtet sind und die angesichts dessen, was im Abendland an schöpferischen Ideen zum Geist Gottes geschaffen worden ist, vielleicht eines der großartigsten Beispiele darstellen. Es ging mir ganz bewußt in diesen Darlegungen nicht darum, die grandiosen Schöpfungen der Pneumatologie des Abendlandes oder auch des Morgenlandes herauszustellen — das ist Sache von dogmatischen und systematischen Disziplinen. Mir ging es um die religionsgeschichtliche Basis. Dieses Gebet jedenfalls enthält eine Intensität des Zutrauens, die deutlich macht, wie notwendig das Nachdenken und das Mitdenken mit dem Geist Gottes ist:

Atme in mir, du Heiliger Geist, daß ich Heiliges denke.
Treibe mich, du Heiliger Geist, daß ich Heiliges tue.
Locke mich, du Heiliger Geist, daß ich Heiliges liebe.
Stärke mich, du Heiliger Geist, daß ich Heiliges hüte.
Hüte mich, du Heiliger Geist, daß ich das Heilige
nimmer verliere.

Um der Erinnerung an die vorchristlichen Freunde und Sucher des Geistes Gottes willen füge ich schließlich einen Gebetstext an den Geist-Gott Amun hinzu:

Du bist Amun, der Herr des Schweigenden,
der kommt auf die Stimme des Armen!
Ich rief zu dir, als ich traurig war,
und du bist gekommen, daß du mich rettetest.
Du gabst Lust dem, der in Bedrängnis war,
du rettetest mich, da ich in Banden lag.
Du rettetest den, der in der Unterwelt ist;
denn du bist es ja, der gnädig ist, wenn man zu ihm ruft,
du bist es ja, der aus der Ferne kommt!

Text- und Bildnachweis

Die Bibelzitate sind im Anschluß an die „Einheitsübersetzung", die Zitate aus ägyptischen Hymnen im Anschluß an Wiedergaben von Jan Assmann (vgl. Literaturhinweise) gewählt.

Abb. 1: Nach H. Schäfer, Zeitschrift für ägyptische Sprache und Altertumskunde 71, 1935, 20, Abb. 2.
Abb. 2: Nach S. Morenz, Gott und Mensch im alten Ägypten, Heidelberg 1965, 131, Abb. 40.
Abb. 3: Nach G. Roeder, Der Ausklang der ägyptischen Religion mit Reformation, Zauberei und Jenseitsglauben (Die Bibliothek der Alten Welt), Zürich 1961, 364.
Abb. 4: Nach O. Keel, Die Welt der altorientalischen Bildsymbolik und das Alte Testament. Am Beispiel der Psalmen, Zürich-Einsiedeln-Köln 1972, 226, Abb. 333.
Abb. 5: Nach W. Guglielmi — J. Dittmar (Zeichnungen), in: Gegengabe, Festschrift für Emma Brunner-Traut, Tübingen 1992, 124.
Abb. 6: Unveröffentlichtes Stück aus Privatbesitz: Nachzeichnung M. Bürgle, München.
Abb. 7: Nach M. Görg, Ägypten und Altes Testament 5, 1983, 171, Abb. 2.
Abb. 8: Nach Ch. Kuentz, L'oie du Nil, Archives du Musée d'histoire naturelle du Lyon 14, 1926, 13, Fig. 11.
Abb. 9: Nach Kuentz, L'oie du Nil, 34, Fig. 20.
Abb. 10: Nach Kuentz, L'oie du Nil, 41, Fig. 23.
Abb. 11: Nach Kuentz, L'oie du Nil, 20, Fig. 16.
Abb. 12: Nach M. Görg, Ägypten und Altes Testament 5, 1983, 167, Abb. 1.

Literaturhinweise

I. Teil

Bultmann, Rudolf, Das Evangelium des Johannes, 17. Auflage, Göttingen 1962.

Delp, Alfred, Veni Sancte Spiritus, in: R. Bleistein (Hg.), Alfred Delp, Gesammelte Schriften, Band IV: Aus dem Gefängnis, 2. Auflage, Frankfurt am Main 1985, S. 263–305.

Müller, Gerhard Ludwig, Der Heilige Geist (Pneumatologie), Texte zur Theologie, Dogmatik 7/2, Graz–Wien–Köln 1993.

Ratzinger, Joseph, Einführung in das Christentum, München 1968.

Schneider Theodor, Was wir glauben. Eine Auslegung des Apostolischen Glaubensbekenntnisses, 3. Auflage, Düsseldorf 1988.

II. Teil

Albertz, Rainer - Westermann, Claus, Geist, in: Theologisches Handwörterbuch zum Alten Testament II, München–Zürich 1976, S. 726–753.

Assmann, Jan, Ägyptische Hymnen und Gebete, Zürich–München 1975.

Assmann, Re und Amun. Die Krise des polytheistischen Weltbilds im Ägypten der 18.–20. Dynastie, Orbis Biblicus et Orientalis 51, Freiburg/Schweiz - Göttingen 1983.

Görg, Manfred, Religionsgeschichtliche Beobachtungen zur Rede vom „Geist Gottes“, in: Wissenschaft und Weisheit 43, 1980, S. 129–148. = M. Görg, Studien zur biblisch-ägyptischen Religionsgeschichte, Stuttgarter Biblische Aufsatzbände 14, Stuttgart 1992, S. 165–189.

Görg, Manfred, Persönliche Frömmigkeit in Israel und Ägypten,

in: Pontes atque Fontes. Eine Festgabe für Hellmut Brunner, Ägypten und Altes Testament 5, 1983, S. 162–185.
Görg, Manfred, Zur Struktur von Gen 1,2, in: Biblische Notizen. Beiträge zur exegetischen Diskussion 62, 1992, S. 11–15.
Görg, Manfred, Mythos, Glaube und Geschichte, Die Bilder des christlichen Credo und ihre Wurzeln im alten Ägypten, 2. Auflage, Düsseldorf 1993.
Görg, Manfred, Genesis und Trinität. Religionsgeschichtliche Implikationen des Glaubens an den dreieinen Gott, in: Münchener Theologische Zeitschrift 47, 1996, S. 295–313.
Guglielmi, Waltraud — Dittmar, Johanna, Anrufungen der persönlichen Frömmigkeit auf Gans- und Widder-Darstellungen des Amun, in: I. Gamer-Wallert - W. Helck (Hg.), Gegengabe. Festschrift für Emma Brunner-Traut, Tübingen 1992, S. 119–142.
Koch, Klaus, Wort und Einheit des Schöpfergottes in Memphis und Jerusalem. Zur Einzigartigkeit Israels, in: Zeitschrift für Theologie und Kirche 62, 1965, S. 251–293. = K. Koch, Studien zur alttestamentlichen und altorientalischen Religionsgeschichte, Göttingen 1988, S. 61–103 (mit Nachträgen und Berichtigungen S. 103–105).
Moltmann, Jürgen, Der Geist des Lebens. Eine ganzheitliche Pneumatologie, München 1991.
Notter, Viktor, Biblischer Schöpfungsbericht und ägyptische Schöpfungsmythen, Stuttgarter Bibelstudien 68, Stuttgart 1974.
Sethe, Kurt, Amun und die acht Urgötter von Hermopolis, Abhandlungen der Preußischen Akademie der Wissenschaften 4, Berlin 1929.

III. Teil

Assmann, Jan, Ma'at. Gerechtigkeit und Unsterblichkeit im Alten Ägypten, München 1990.
Böhlig, Alexander, Triade und Trinität in den Schriften von Nag Hammadi, in: A. Böhlig, Gnosis und Synkretismus. Gesammelte Aufsätze zur spätantiken Religionsgeschichte 1. Teil, Tübingen 1989, 289–311.

Congar, Yves, Der Heilige Geist, aus dem Franz. von A. Berz, Freiburg–Basel–Wien 1982.
Görg, Manfred, Vom Wehen des Pneuma, in: Biblische Notizen. Beiträge zur exegetischen Diskussion 66, 1993, S. 5–9.
Görg, Manfred, Der un-heile Gott. Die Bibel im Bann der Gewalt, Düsseldorf 1995.
Görg, Manfred, Bythos und Nun: Zur ägyptischen Basis einer altchristlich-gnostischen Gottesidee, in: Meilenstein. Festgabe für Herbert Donner, Ägypten und Altes Testament 30, 1995, 52–59.
Henrix, Hans Hermann, Gottes Geist — Bejahung des Anderen. Ein christliches Gespräch mit jüdischem Verständnis, unv. Manuskript.
Keel, Othmar, Die Weisheit spielt vor Gott, Freiburg/Schweiz - Göttingen 1974.
Krämer, Hans-Joachim, Der Ursprung der Geist-Metaphysik. Untersuchungen zur Geschichte des Platonismus zwischen Platon und Plotin, 2. Auflage, Amsterdam 1957.
Luckert, Karl W., Egyptian Light and Hebrew Fire. Theological and Philosophical Roots of Christendom in Evolutionary Perspective, New York 1991.
Schüngel-Straumann, Helen, *Ruah* bewegt die Welt. Gottes schöpferische Lebenskraft in der Krisenzeit des Exils, Stuttgarter Bibelstudien 151, Stuttgart 1992.
Seebaß, Hans, Geist (AT), in: M. Görg — B. Lang (Hg.), Neues Bibel-Lexikon I, Sp. 765–769.
Von Soden, Wolfram, Der Genuswechsel bei *ru^{a}h* und das grammatische Geschlecht in den semitischen Sprachen, in: Zeitschrift für Althebraistik 5, 1992, S. 57–63.
Waldstein, Michael, The Primal Triad in the *Apocryphon of John*, in: Nag Hammadi and Manichaean Studies 44, Leiden 1997, S. 154–187.
Welker, Michael, Gottes Geist. Theologie des Heiligen Geistes, 2. Auflage, Neukirchen-Vluyn 1993.
Westendorf, Wolfhart, Ägypten und das Alte Testament, in: Theologische Rundschau 59, 1994, 337–345.
Williams, Michael A., Variety in Gnostic Perspectives of Gender, in: Karen L. King (Hg.), Images of the Feminine Gnosticism, Philadelphia 1988, S. 2–22.